Die Löwen-Liga: Verkaufen will gelernt sein

Martin Sänger
Peter Buchenau
Zach Davis

Die Löwen-Liga: Verkaufen will gelernt sein

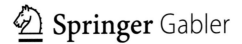

Springer Gabler

Martin Sänger
SÄNGER Trainerteam GmbH
Landshut
Deutschland

Zach Davis
Peoplebuilding Inst. f. nachhaltige
Effektivität
Geretsried
Deutschland

Peter Buchenau
The Right Way GmbH
Waldbrunn
Deutschland

ISBN 978-3-658-05288-1   ISBN 978-3-658-05289-8 (eBook)
DOI 10.1007/978-3-658-05289-8

Die Deutsche Nationalbibliothek verzeichnet diese Publikation in der Deutschen
Nationalbibliografie; detaillierte bibliografische Daten sind im Internet über
http://dnb.d-nb.de abrufbar.

Springer Gabler
© Springer Fachmedien Wiesbaden 2015

Gedruckt auf säurefreiem und chlorfrei gebleichtem Papier

Springer Fachmedien Wiesbaden ist Teil der Fachverlagsgruppe Springer
Science+Business Media
(www.springer.com)

Geleitwort von Stephan Heinrich

„Gehen zwei Löwen in den Vertrieb…"

Wie bitte? Eine Geschichte über das Verkaufen mit zwei Löwen in der Hauptrolle? Das soll wohl ein Witz sein! Ich gebe zu, dass das meine erste Reaktion war, als ich das Manuskript bekam. Martin Sänger ist ein Kollege, den ich sehr schätze. Nur deshalb habe ich überhaupt noch weitergelesen. Jetzt allerdings, wo mich der Autor in seine Geschichte, in der er die unterschiedlichen Typen von Löwen bzw. Verkäufern beschreibt, hineingezogen hat, bin ich von Art und Inhalt des Buches begeistert.

Seit 30 Jahren bin ich Verkäufer, und seit etwa der Hälfte dieser Zeit bin ich als Verkaufstrainer am Markt erfolgreich. Tausende von Verkäufern habe ich persönlich kennengelernt, um mit ihnen an ihren Fähigkeiten und Einstellungen zu arbeiten. Manche dieser Kollegen sind echte „Straßenfußballer", um eine Metapher aus dem Sport zu bemühen. Sie haben das Verkaufen von der Pike auf gelernt. Sie sind schon immer irgendwie talentiert gewesen, haben sich dann hochgearbeitet und sind schließlich nicht selten ganz oben gelandet. Andere haben in ihrer Karriere mit dem Verkaufen zunächst nicht viel zu tun gehabt. Erst später, als sie nach einer Ausbildung an der Universität und ersten Berufserfahrungen damit konfrontiert wurden, im direkten Kundenkontakt zu stehen, haben diese Menschen begonnen, das Verkaufen zu „lernen".

Diese beiden Typen von Verkäufern bilden zwei Endpunkte einer Skala: auf der einen Seite der bereits erwähnte Straßenfußballer und auf der anderen Seite der Absolvent der Fußballschule. Der eine ist getrieben von seinen Instinkten. Um sich weiter zu entwickeln, muss er genau diese Instinkte immer wieder hinterfragen. Wenn ich instinktiv an einer Straßenkreuzung weiß, ob ich Vorfahrt habe oder nicht, dann ist das besser als immer lange nachzudenken – allerdings kann es tödlich enden, wenn sich die Verkehrsregeln geändert haben. Und wir leben in einer Welt, in der sich die Regeln gerade drastisch ändern. Schließlich gestaltet sich durch Online-Geschäft und Compliance-Vorschriften so manches neu, was intuitive und empathische Verkäufertypen vor große Herausforderungen stellt.

Der diplomierte Fußballer versteht die Zusammenhänge und kann genau erklären, wie man erfolgreich kickt. Er kann aus verschiedenen Strategien die wirksamste auswählen. Sein Pendant aus der Riege der Verkäufer kennt die geläufigen Vertriebsmethoden, deren Urheber und das zugehörige Veröffentlichungsdatum. Um sich wirklich weiterzuentwickeln, müssen diese Typen auch mal einen echten Kunden besuchen und Erfahrungen in der Realität sammeln. Diese Verkäufertypen tun gut daran, ihre ausgefeilten Theorien in der Praxis zu validieren und für sich einen gangbaren Weg zu finden, den sie dann auch selbst gehen werden.

Da kommen die Löwen ins Spiel. Kimba ist der Underdog – oder besser Underlion. Er kommt von ganz unten, hat keine Ressourcen, die ihm einen leichten Einstieg ins Berufsleben ermöglichen, und nimmt mit Fleiß und Willenskraft diese Herausforderung an. Er hat nichts und will alles. Er ist der willige Lehrling, der sich mit kleinen Erfolgserlebnissen nach und nach zum Meister seines Fachs entwickelt. Er verkörpert den Verkäufertyp des Straßenfußballers, dem man in der Praxis zwar nichts vormachen kann, der aber kaum in der Lage ist, zu erklären, was sein Erfolgsgeheimnis ist.

Lono dagegen ist aus gutem Hause und hat fast unerschöpfliche Ressourcen, um sich ausbilden zu lassen. Er kann von den Besten lernen und spielt seine Intelligenz aus, um schnell zu verstehen, wie Vertrieb funktioniert. Er ist der Überflieger, der denkt, er kann und oft am „könnte" scheitert, weil er die disziplinierte Umsetzung des Gelernten langweilig findet. Er verkörpert den diplomierten Absolventen der Fußballschule, der alle Spielzüge kennt, aber keine Lust hat, den Freistoß ins Kreuzeck 200-mal zu üben, damit er auch sicher klappt.

Die Geschichte von Kimba und Lono fesselt, weil die beiden miteinander freundschaftlich verbunden sind. Die beiden Löwen sind die zwei Seelen in der Brust von uns Verkäufern. Sie sind unterschiedlich und widersprüchlich, aber nur wenn sie zusammenfinden, können sie erfolgreich sein. Es macht Freude, die beiden in ihrer Entwicklung zu begleiten.

Zwischendurch will man ihnen etwas zurufen, um sie vor dummen Fehlern zu bewahren und man will nicken, wenn sie etwas verstanden haben. Wenn sie Erfolg haben, müssen wir vielleicht eine Träne des Stolzes verdrücken, weil wir uns beim Lesen wie Väter ihres Erfolgs fühlen.

Als ich 2007 im gleichen Verlag mein erstes Buch „Verkaufen an Top-Entscheider" veröffentlichen durfte, wusste ich noch nicht so viel über das Schreiben. Gerne wäre ich damals schon so gut gewesen, das Buch als Geschichte zu formulieren, die Wissen und Emotion entstehen lässt. Das ist Martin Sänger hier sehr gut gelungen. Ich mag das Buch und kann es jedem angehenden Verkäufer und vermeintlichen Verkaufsprofi nur dringend ans Herz legen. Und sei es nur, um zu schmunzeln, wenn die beiden Löwen unschuldige Affen auf den Baum jagen, was so manchem menschlichen Verkäufer bestimmt auch sehr viel Spaß machen könnte. Nein, ich habe nicht gesagt, dass die Affen den Einkäufern entsprechen – aber eine schöne Vorstellung ist das schon.

Ihr

Stephan Heinrich
www.visionselling.de

Vorwort von Peter Buchenau und Zach Davis

Die „Löwen-Liga im Verkauf" steht wie schon das Originalbuch „Die Löwen-Liga: Tierisch leicht zu mehr Produktivität und weniger Stress" von Zach Davis und Peter Buchenau für eine Welt, die sich permanent verändert und deren Anforderungen ständig steigen. Dies ist auch im Verkauf der Fall: Kunden sind anspruchsvoller, besser informiert und verhandeln häufiger als es früher der Fall war. Viele Märkte sind schwerer zu erschließen als früher. In fast jeder Branche gilt: Während man früher einer von wenigen Anbietern war, tummelt sich heute oft ein Vielfaches an Anbietern im selben Markt. Immer mehr Verkäufer fragen sich, wie sie bloß alles schaffen sollen: Produktkenntnisse sind weiterhin essentiell, die bestehenden Kunden sind zufriedenzustellen, neue Kunden zu gewinnen, ein bestimmtes Aktionsprodukt zu pushen, im Markt präsent zu sein, auf allen Kanälen ständig erreichbar zu sein, die Reportinganforderungen und Zielvorgaben zu erfüllen usw. Die Liste der Anforderungen ist lang.

Nun gibt es immer wieder unterschiedliche Ansätze und Trends im Verkauf. Martin Sänger, langjähriger Verkaufsexperte, hat viele Trends kommen und gehen sehen. Er konzentriert sich im vorliegenden Buch auf die wirklich wichtigen Grundfähigkeiten im Verkauf – Grundfähigkeiten, die es gilt, ständig weiterzuentwickeln, gespickt mit zahlreichen wirksamen Details, die auch dem erfahrenen Verkaufsprofi einige Aha-Erlebnisse bescheren.

Dieses Buch handelt wie das Originalbuch der Löwen-Liga von zwei Löwen. Sie haben beide ähnliche Voraussetzungen: Intelligenz und eine gute Schulbildung. Sie entwickeln sich in vielen Punkten parallel, aber an manchen entscheidenden Stellen haben sie unterschiedliche Sichtweisen und treffen unterschiedliche Entscheidungen. Daher erzielen sie auch unterschiedliche Resultate.

Dieses Buch ist keine Fortsetzung des Erstbuchs im Sinne einer an allen Stellen konsistenten Handlung. Dieses Buch behandelt eine ganz neue Geschichte, die durch die Metapher der Löwen aufzeigt, wie sich Individuen unter gleichen Voraussetzungen unterschiedlich entwickeln können. Trotz der neuen Geschichte, ist dieses Buch stark angelehnt an das Original, wieder spielen Kimba und Lono die Hauptrollen, wiederum unterhaltsam verpackt, wieder mit Karikaturen veranschaulicht, aber dieses Mal bereits schon mit einem anderen Zeichner, um auch hier nochmal zu verdeutlichen, dass dieses Buch eine neue, eigene Löwengeschichte darstellt.

Einen großen Dank gilt es in diesem Buch an Martin Sänger auszusprechen. Er ist der maßgebliche Autor des Buches und er hat viele dieser kleinen Unterschiede selbst er- und durchlebt. Martin Sänger hat den Verkauf von der Pike auf gelernt und ist seit knapp zwei Jahrzehnten als Verkaufstrainer unterwegs und mittlerweile auch als Referent auf größeren Bühnen zu Hause. Liebe Leserinnen, liebe Leser, tun Sie es Martin Sänger nach, haben Sie Spaß, Vertrauen in sich selbst und steigern Sie Ihren Erfolg im Verkauf.

Ein weiterer Dank auch an Stephan Heinrich für das Geleitwort in diesem Buch. Stephan Heinrich ist der Autor zahlreicher Bücher zum Thema Verkauf und ein gefragter Referent.

Profitieren Sie vom Wissen aller Mitwirkenden und vor allem von den beiden Löwen Kimba und Lono.

Peter Buchenau und Zach Davis

Inhalt

Geleitwort von Stephan Heinrich   V

Vorwort von Peter Buchenau und Zach Davis   IX

Einleitung   XIII

Die Autoren   XVII

1   Was bedeutet verkaufen für Löwen?   1

2   Der professionelle Gesprächsaufbau   9

3   Motivation nach Kimba an schlechten Tagen   15

4   Löwenstark am Telefon   21

5   Mit der Schmusestrategie durchs Vorzimmer   27

6   Echte Löwen jagen nur vorbereitet   31

7   Der erste Eindruck: Löwe oder Hauskatze?   35

8   Lono und Kimba müssen überzeugen!   41

9   Präsentationen, so beeindruckend wie
    der König der Tiere   45

10 Die passenden Präsentations-Hilfsmittel   51

11 Die KIMBA-Strategie im Verkaufsgespräch   57

12 Die richtigen Fragen richtig stellen   63

13 Echte Löwen lernen vom Luchs   71

14 Fakten, Fakten, Fakten – aber nicht an den
    Kunden gedacht   79

15 Einwände oder Vorwände? Ein Löwe
    kommt mit beidem klar   87

16 Sei dir deiner Stärken bewusst   95

17 Keine Jagd ohne Abschluss 103

18 Löwen sind immer verbindlich 111

19 So hält ein Löwe sein Kundenrudel zusammen 119

20 Es gibt keine Ausreden 127

21 Kundenbeziehungen: Löwe mit Löwe 133

22 Kundenbeziehungen: Löwe mit Affe 139

23 Kundenbeziehungen: Löwe und Elefant 145

24 Kundenbeziehungen: Löwe mit Gazelle 151

Einleitung

Lono und Kimba sind seit ihrer Kindheit unzertrennlich. Die beiden Löwenkinder wachsen gemeinsam im Tsavo Nationalpark in Kenia auf. Bereits im Löwenkindergarten tollen die beiden fröhlich gemeinsam umher. Obwohl sie nicht verwandt sind, bekommen sie schnell den Spitznamen „Löwenbrüder". Ihre größte Freude besteht darin, sich nach einem kurzen Regenschauer gegenseitig mit dem Matsch zu bewerfen, zu dem die rote Erde ihrer Heimat dann geworden ist. Selbstverständlich lachen sich die beiden gegenseitig aus, wenn sie einen Matschtreffer gelandet haben.

Interessant an der Verbindung der Löwenbrüder ist, dass die beiden nicht unterschiedlicher sein könnten. Lono kommt aus reichem Elternhaus. Sein Vater ist der unangefochtene Herrscher im Park und verteidigt ein stattliches Rudel wunderhübscher Löwinnen gegen alle Rivalen. Lono fehlt es an nichts. Einzelne Erziehungsversuche seiner Mutter, ihn zu mehr Disziplin und eigener Leistung anzuspornen, scheitern daran, dass Lono garantiert eine Tante findet, die dann schwach wird und Lonos aktuellen Wunsch erfüllt. Er genießt eine gänzlich unbeschwerte Kindheit inmitten der Sicherheit eines großen Rudels.

Kimba hingegen hat weniger Glück. Seine Mutter wird von ihrem Rudel zurückgelassen als sie inmitten einer Büffeljagd eine leichte Verletzung davonträgt, die sie einige Tage am Laufen hindert. Im Rahmen ihrer Möglichkeiten gibt Kimbas Mutter alles, um ihren Sohn großzuziehen und gegen die Gefahren der Wildnis zu schützen. Kimba lernt früh, dass es eine Menge Einsatz braucht, um zu überleben. Seine Mutter sagt immer zu ihm: „Das Leben schenkt dir nichts, aber du kannst dir alles verdienen." Kimbas großes Glück ist es, dass er Lono trifft und dass Lonos Rudel nichts gegen die Freundschaft der beiden einzuwenden hat. So wachsen die beiden ungleichen Löwenbrüder gemeinsam auf und Kimba profitiert von Lonos Rudel, in dem er sich entwickeln kann.

Als die beiden bereits im halbstarken Alter sind, liegen sie eines Tages, nachdem sie ein paar Affen geärgert haben, gemeinsam im Gras. Kimba fragt Lono: „Sag mal, was willst du später einmal werden, wenn du groß bist? Willst du auch ein Rudel haben, das so groß ist, wie das von deinem Vater?"

Lono überlegt kurz und antwortet dann: „Nein, ich möchte nach Leorobi an die Universität gehen und studieren."

„Studieren?", ruft Kimba entsetzt, „so, wie Leonie, diese arrogante Ziege? Um Himmels willen, warum willst du denn studieren?"

Lono entgegnet ein wenig schüchtern: „Leonie ist keine arrogante Ziege – die ist sehr schlau."

„Und hübsch", ergänzt er leise.

Da dämmert es Kimba. Er springt auf und ruft laut: „Lono ist verlieeebt, Lono ist verliiieeebt! Deshalb willst du nach Leorobi und ein langweiliges Studium machen?"

„Nein", entgegnet Lono, „ich will studieren, damit ich später mal der Chef einer löwenstarken Firma sein kann."

„Pantherlapapp", erwidert Kimba, „die Studierten sind nichts anderes als Sesselpuper, das hat früher immer meine Tante Leotta gesagt."

Kurz wird Kimba bei dem Gedanken an seine Tante traurig, doch schnell schießt es ihm durch den Kopf: „Aber wenn du Chef bist, dann gibst du mir einen Job, okay?"

„Na klar", antwortet Lono, „und jetzt, lass uns wieder Affen ärgern, die haben sich nämlich wieder von dem doofen Baum runtergetraut."

Die beiden Freunde rennen los und tollen noch stundenlang miteinander herum. Keiner von beiden ahnt, wie viel – und in gewisser Weise wie wenig – Wahrheit in diesem Gespräch stecken sollte.

Einige Monate später ist es dann tatsächlich so weit. Der Tag, den die beiden Freunde nicht wahrhaben wollten, ist gekommen. Lono tritt seine Reise nach Leorobi an, um dort zu studieren. Traurig blickt Kimba dem davonfahrenden Freund hinterher.

„Was wirst du nun tun, Kimba?", hört er eine vertraute Stimme hinter sich. Kimba dreht sich um und sieht seine Mutter.

„Ich gehe nach Liontown und verdiene dort so viel Geld, dass ich auch bald studieren kann und dann werde ich wieder Spaß mit Lono haben!", entgegnet Kimba.

Seine Mutter schaut ihm tief in die Augen und sagt dann: „Kimba, ich habe dir alles beigebracht, was ich über das Überleben und die Jagd weiß, nutze dieses Wissen und ich bin sicher, du schaffst alles, was du dir wünscht. Bedenke aber immer, dass die Grundlage für den Erfolg meist die harte Arbeit im Vorfeld ist."

Dann knufft sie ihren Sohn in die Seite und schubst ihn in Richtung Liontown. „Zeig`s ihnen, Löwe!", ruft sie ihm nach und spürt dabei eine Mischung aus Trauer und Stolz.

Die Autoren

 **Martin Sänger** Speaker, Entertainer, Augenöffner

Martin Sänger ist seit knapp 20 Jahren als Verkaufstrainer und Vortragsredner aktiv. Er begeistert sein Publikum mit seiner sympathisch dreisten Art, Dinge auf den Punkt zu bringen. Durch seine humorvolle Rhetorik versteht er es wie kaum ein anderer, sein Publikum auch für die Umsetzung eher unbequemer Themen zu motivieren. Die geniale Einfachheit, mit der er auch teilweise komplexe Zusammenhänge darstellt, nimmt seinen Zuhörern automatisch die Angst vor einer Veränderung.

Wenn Sie also bei Ihrer Veranstaltung anstelle eines „Irgendwie hat man das alles schon einmal gehört" lieber ein „Ich kann es kaum erwarten loszulegen" als Feedback möchten, dann ist ein mitreißender Vortrag von Martin Sänger genau die richtige Wahl.

Veröffentlichungen:
2013 erschien sein Buch „Der social-media Vertriebscode – GEKNACKT". Hierin beschreibt Martin Sänger, was Unternehmer und Verkäufer von den sozialen Medien lernen können. Dazu

hat er das Verhalten der Nutzer auf Facebook & Co. analysiert und aus diesen Erkenntnissen sofort umsetzbare und im realen Leben anwendbare Verkaufsstrategien abgeleitet. Erfolgsfaktor Finanzierung wurde von Martin Sänger für die Dresdner Cetelem Bank (heute Commerz Finanz GmbH) geschrieben und von der Bank direkt an deren Kunden vertrieben. Der Fokus hierbei lag bei einer sofort umsetzbaren Praxismethode zur Steigerung des Finanzierungsanteils. Mit einer inzwischen vergriffenen Erstauflagevon 10.000 Stück rangiert dieses Fachbuch unter den Topsellern.

Mit seiner ersten Audio-Trainings CD „Reden ohne rot zu werden" erregte Martin Sänger viel Aufsehen. Das Karriere Portal von GMX brachte einen Artikel zu der CD gleich als Wochenaufmacher. Die Frauenzeitschrift Cosmopolitan hat diese CD im Heft Juli 08 inklusive eines Interviews als Redaktionsempfehlung gebracht. Wichtige Themen einfach strukturiert und praktikable Tipps zeichnen diese 2 CD's aus.

Ihr Kontakt:
SÄNGER Trainerteam GmbH
Widdersdorf 14
84079 Bruckberg
Tel.: 0871-3302028-0
www.martinsaenger.de

Das schreibt die Presse über den Autor:
"Er begeistert in seinen Vorträgen und Trainings mit seiner humorvollen direkten Art." P.T. Magazin für Wirtschaft und Gesellschaft
"… Martin Sänger, einer der erfolgreichsten Vertriebstrainer und Vortragsredner …" laut Unternehmer.de

 **Peter Buchenau** gilt als der Chefsache Ratgeber im deutschsprachigen Raum. Der mehrfach ausgezeichnete Führungsquerdenker ist ein Mann von der Praxis für die Praxis, gibt Tipps vom Profi für Profis. Auf der einen Seite Vollblutunternehmer und Geschäftsführer der eibe AG, einem der Marktführer für Spielplätze und Kindergarteneinrichtungen, auf der anderen Seite Redner, Autor, Kabarettist und Dozent an Hochschulen. Seinen Karriereweg startete er als Führungskraft bei internationalen Konzernen im In- und Ausland, bis er schließlich 2002 sein eigenes Beratungsunternehmen gründete. Sein breites und internationales Erfahrungsspektrum macht ihn zum gefragten Interim Executive, Experten und Redner. In seinen Vorträgen verblüfft er die Teilnehmer mit seinen einfachen und schnell nachvollziehbaren Praxisbeispielen. Er versteht es wie kaum ein anderer, ernste und kritische Führungsthemen, so unterhaltsam und kabarettistisch zu präsentieren, dass die emotionalen Highlights und Pointen zum Erlebnis werden. Weitere Informationen unter www.peter-buchenau.de

Die Veröffentlichungen:
1. Buch „Der Anti-Stress-Trainer – 10 humorvolle Soforttipps für mehr Gelassenheit"
2. Buch „Die Performer-Methode – Gesunde Leistungssteigerung durch ganzheitliche Führung"
3. Buch „Burnout 6.0 – Von Betroffenen lernen"
4. Buch „Die Löwenliga"
5. Buch „Chefsache Gesundheit"
6. Buch „Chefsache Prävention"

7. Buch „Chefsache Betriebskita"
8. Buch „Chefsache Prävention II"

Ihr Kontakt:
The Right Way GmbH, Geschäftsführer Peter Buchenau, Röntgenstraße 20 97295 Waldbrunn, Tel: +49 9306-984017, speaker@peterbuchenau.de www.peterbuchenau.de

Zach Davis „Infotainment auf höchstem Niveau!"
(Handelsblatt über Redner Zach Davis)

Der Redner:
Zach Davis begeistert seit über einem Jahrzehnt auf 120 bis 160 Veranstaltungen jährlich durch seine mitreißende Rhetorik, seine Tipps mit einem Sofort-Nutzen und seine sehr unterhaltsame Art. Zach Davis ist (fast) immer der richtige Redner für Ihre Veranstaltung!

Die Schwerpunkte:
Zach Davis thematisiert zwei spezielle Herausforderungen:
1. Die steigende Informationsflut und
2. Die zunehmende Zeitknappheit.

Mit seinen Schwerpunkten „PoweReading" und „Zeitintelligenz"
liefert er jeweils entscheidende und sehr pragmatische Lösungs-
beiträge hierzu.

Die Veröffentlichungen:
1. Bestseller-Buch „PoweReading®", 6. Auflage (Leseeffizienz)
2. Video-DVD „PoweReading®-Automatic-Trainer" (Leseeffi-
    zienz)
3. Video-CD „Power-Brain" (Merkfähigkeit)
4. Bestseller-Buch „Vom Zeitmanagement zur Zeitintelligenz"
5. Video-DVD „Der Effektivitäts-Code©: Mehr schaffen in
    weniger Zeit"
6. 8-teilige Audioserie „Der Effektivitäts-Code©: Hochpro-
    duktivität"
7. Jahresprogramm „Der Effektivitäts-Code©: Gewohnheiten
    leicht ändern"
8. Buch „Zeitmanagement für gestiegene Anforderungen"
9. Buch „Zeitmanagement für Steuerberater"
10. Buch „Zeitmanagement für Rechtsanwälte"

Filme über Zach Davis:
www.peoplebuilding.de/zach-davis/vita-film

Ihr Kontakt:
Peoplebuilding, Management Zach Davis, Egerlandstr. 80,
82538 Geretsried, Tel.: 08171-23842-00, info@peoplebuilding.
de, www.peoplebuilding.de.
Unterlagen (Portrait, Referenzschreiben etc.) erhalten Sie auf An-
frage gerne!

1

Was bedeutet verkaufen für Löwen?

Nach einigen Tagesmärschen kommt Kimba in Liontown an. Der erste Eindruck ist grausam. Alle laufen hektisch umher, es ist laut und es riecht nach diesen Autos, die hier überall umher fahren. Kimba muss sich erst einmal in eine Nische an einer Hauswand setzen, um sich für eine Weile von dem Chaos zu erholen.

Nachdem er sich ein wenig an den Lärm, die Hektik, die fremden Gerüche und die vielen Menschen gewöhnt hat, nimmt er sich ein Herz, steht auf und geht auf den nächstbesten Menschen, den er finden kann, zu. „Entschuldigung, ich suche einen Job", sagt der Löwe freundlich.

„Hier gibt es keine Jobs für Löwen", antwortet der Mensch kurz angebunden, dreht sich um und verschwindet in der nächsten Gasse.

Kimba findet das sehr unfreundlich. Bisher haben immer alle sehr nett mit ihm gesprochen, aber dieser Mensch…? Na ja, denkt Kimba, vielleicht hatte er schlechte Laune, ich versuche es einfach nochmal. Neu motiviert läuft Kimba einfach in das erste Geschäft, das er finden kann und fragt auch dort sehr freundlich nach einem Job.

„Wir haben keine freie Stelle – und jetzt raus hier!", ist die barsche Antwort des Ladenbesitzers.

Kimba ist unsicher. Noch ein Mensch mit schlechter Laune? Oder sind vielleicht alle Menschen so? An diesem Tag macht

Kimba noch weitere elf Mal ähnliche Erfahrungen, so dass er zu dem Schluss kommt, dass es wohl keinen Job in Liontown für ihn gibt. Niedergeschlagen, frustriert und hungrig macht er sich bei Einbruch der Dunkelheit daran, einen Schlafplatz für die Nacht zu finden. Da Kimba kein Geld hat, scheint ihm die Nische, in die er sich morgens schon zurückgezogen hatte, sehr geeignet. Kimba kauert sich also in die Hausecke und schläft, trotz des Straßenlärms, sofort erschöpft ein.

Als Kimba am nächsten Morgen aufwacht, bemerkt er, dass er nicht mehr alleine in seiner Nische ist. Ein Waschbär hat sich in der Nacht zu ihm gesellt und liegt nun, alle viere von sich gestreckt, ebenfalls in Kimbas Hausecke. Der Waschbär blinzelt, als Kimba ihn von Nahem betrachtet. „Guten Morgen, Kumpel", sagt der Waschbär, „du schnarchst ganz schön. Aber egal, wer bist du?"

„Kimba heiße ich", entgegnet der Löwe etwas irritiert, „und du?"

„Ich bin Rack, Rack Kuhn", entgegnet der Waschbär. „Was führt dich nach Liontown, Löwe?"

„Ich suche einen Job, damit ich Geld verdienen kann, um dann mit meinem besten Freund in Leorobi zu studieren", sagt ihm Kimba. „Aber hier gibt es keine Jobs, ich habe gestern schon rumgefragt", fügt der Löwe noch hinzu.

Rack richtet sich auf und putzt sich kurz das Bauchfell. „Natürlich gibt es hier Jobs, in wie vielen Geschäften hast du denn gefragt?"

„In insgesamt 13", sagt Kimba und zählt innerlich nochmal kurz nach.

Rack hebt die rechte Augenbraue und meint: „Okay, du tust wenigstens was. Aber du musst nicht nur fragen, du musst dich auch gut verkaufen, um einen Job zu bekommen."

„Was meinst du denn mit verkaufen?", fragt Kimba neugierig.

„Na, verkaufen halt, argumentieren, dem Ladenbesitzer erklären, warum er ohne dich nicht mehr existieren kann, ihm klarmachen, dass du der einzig wahre Typ bist, der bei ihm arbeiten muss und so weiter – verkaufen eben. Hartnäckig genug bist du ja, wenn du schon 13-mal ein Nein bekommen hast und immer noch weiter machst!"

Rack steht auf, schüttelt sich, nimmt sein kleines Beutelchen, das er bei sich hat, und macht sich fertig zu gehen. „Du schaffst das, Kumpel", ruft er Kimba zu, „und wenn nicht, leg dich vor ihre Tür und schlaf – so wie du schnarchst, geben die dir sofort einen Job, allein schon damit du da nicht mehr liegst und die Kunden vertreibst."

Der Waschbär grinst und läuft davon.

Kimba bleibt in Gedanken zurück. Verkaufen solle er sich, hat Rack Kuhn ihm geraten. Dem Ladenbesitzer sagen, warum er so wichtig und der Richtige für den Job sei. Das alles ist neu für Kimba. Plötzlich kommt ihm der Satz seiner Mutter in den Kopf: „Das Leben schenkt dir nichts, aber du kannst dir alles verdienen." Dieser Satz gibt Kimba neuen Mut, er schüttelt sich, wie er es bei dem Waschbär gesehen hat, und macht sich auf den Weg.

Die Menschen in den ersten vier Geschäften reagieren sehr ähnlich wie am Vortag. Allerdings bemerkt Kimba, dass die Besitzer jetzt länger mit ihm sprechen. Manche fragen nach, was er bisher schon gemacht habe und welche Erfahrungen er in seinem Leben bisher sammeln konnte.

Im fünften Geschäft erlebt Kimba dann eine Überraschung. Der Ladenbesitzer bittet ihn ins Büro und setzt sich mit ihm an einen Schreibtisch. In der ersten Minute sagt der Chef nichts, sondern mustert Kimba nur. Nach einer Ewigkeit, zumindest fühlte es sich für Kimba quälend lang an, meint der Boss dann schließlich: „So, du suchst also einen Job und behauptest, du bist ein guter Mitarbeiter und ich brauche dich unbedingt."

Kimba muss unweigerlich schlucken, so zusammengefasst hört sich das ganz schön dick aufgetragen an.

„Was kannst du denn?", fragt der Ladenbesitzer schlussendlich.

Kimba wird nervös, auf diese Frage ist er nicht vorbereitet. Verzweifelt überlegt er, was er denn nur antworten soll. Jagen? Spuren lesen? Affen ärgern? Vermutlich alles nicht das, was der Chef hören will.

Etwa zur gleichen Zeit nimmt Lono an seiner ersten Vorlesung an der Universität von Leorobi teil. „Grundkurs verkaufen" steht da wenig einladend in seinem Studienplan.

Kaum hat Lono im Hörsaal Platz genommen, betritt auch schon der Professor den Raum. Er ist ein etwas gedrungener Löwe, legt seine Unterlagen vorne auf das Pult und begrüßt die Studenten mit einem leicht militärischen Ton: „Guten Morgen, Studenten, mein Name ist Professor Ten Laien. Diesen Namen sollten Sie sich merken, Professor Moun Ten Laien. Wenn Sie dieses Studium bestehen wollen, rate ich Ihnen, in meinem Kurs gut mitzuarbeiten. Aber jetzt genug der Freundlichkeiten. Was bedeutet verkaufen?"

Lono nimmt sich einen Zettel und einen Stift und schreibt sich hektisch die Frage auf: „Was bedeutet verkaufen?"

Der erste Student meldet sich und sagt: „Verkaufen bedeutet Ware gegen Geld zu tauschen."

Der Professor nickt und sagt: „Ja, das ist schon ganz richtig, aber wie bekommen wir das hin? Was müssen wir tun, damit der Kunde uns die Ware auch abkauft?"

Lono überlegt fieberhaft: Was muss ich tun, um zu verkaufen? Was gehört da alles dazu? Ich muss natürlich irgendwie freundlich sein und ich muss auch Bescheid wissen über mein Produkt … Tausend Gedanken schießen Lono durch den Kopf.

Eine Studentin meldet sich und sagt: „Herr Professor, vor allem muss ich meinen Kunden überzeugen."

„Bingo!", ruft Professor Ten Laien. „Überzeugen, das ist die Antwort. Es bringt heutzutage nichts, wenn ich meinen Kunden überrede. Ich muss es schaffen, dass der Kunde sich, mit meiner Hilfe als Verkäufer, seine eigene Meinung bildet und von dem Produkt, und gerne auch von mir, überzeugt wird"

Lono schreibt in großen Buchstaben „ÜBERZEUGEN" auf sein Blatt. Ich muss den Kunden von meinem Produkt und von mir überzeugen. Das soll das gesamte Geheimnis des erfolgreichen Verkaufens sein? Na, das ist ja einfach, denkt sich Lono.

In Liontown hingegen sitzt Kimba immer noch mit Schweißperlen in der Mähne vor seinem potentiellen neuen Chef und überlegt, was er denn jetzt antworten soll. Daraufhin sagt der Chef: „Junger Löwe, ich gebe dir jetzt zehn Minuten Zeit zu überlegen, warum ich dich einstellen soll. Nutze diese Gelegenheit und denke gut nach!"

Kimba ist sehr erleichtert und geht erst mal vor die Tür, ein wenig frische Luft schnappen. Und da kommt ihm die Idee: Er kann doch kurz eine Nachricht an seinen Freund Lono schreiben. Vielleicht hat der ja eine zündende Idee. Gesagt, getan. Kimba schreibt: „Hallo Lono, kannst du mir helfen? Ich muss meinem möglichen zukünftigen Chef sagen, warum er mich einstellen soll. Er hat eine Stelle im Verkauf zu besetzen. Was soll ich nur antworten? Gruß, Kimba"

Ganz schnell kommt auch eine Antwort: „Hallo Kimba, verkaufen bedeutet überzeugen. Gruß, Lono"

Kimba ist sehr erleichtert. Er muss also überzeugend sein, damit sein neuer Chef auch einen Vorteil von ihm hat. Da fällt ihm plötzlich wieder ein, dass sein neuer Kumpel Rack Kuhn ihm ja gesagt hat, dass er hartnäckig sei. Also kann er seinem Chef antworten, dass er hartnäckig und überzeugend ist. Mal gucken, ob das funktioniert.

Mit vorsichtiger Zuversicht betritt Kimba wieder den Laden und sagt seinem neuen Chef: „Ich bin überzeugend und hartnäckig."

„So, so", erwidert dieser, „überzeugend und hartnäckig. Na gut, Löwe, ich möchte dir eine Chance geben. Du kannst morgen bei uns probeweise im Verkauf arbeiten. Nutze diese Möglichkeit, dann hast du einen Job. Bis morgen, tschüss!"

Kimba kann es kaum glauben. Hat der Mann wirklich gerade gesagt, er darf Probe arbeiten und wenn das klappt, bekommt er einen Job? Wow! Aufgeregt, nervös und voller Freude verlässt Kimba den Laden und fragt sich jetzt schon, wie er denn in dieser Nacht überhaupt schlafen soll.

2

Der professionelle Gesprächsaufbau

Nach einer unruhigen Nacht wird Kimba am nächsten Morgen durch das Klingeln seines Handys geweckt. Noch müde blinzelnd erkennt er, dass sein Freund Lono anruft. Da muss er natürlich sofort drangehen.

„Kimba! Kimba!", hört er eine aufgeregte Stimme am anderen Ende des Telefons. „Hat es geklappt? Hast du den Job?"

„Ja, mein Freund, das hat funktioniert, ich darf heute zur Probe arbeiten", antwortet Kimba.

„Oh, gratuliere!", entgegnet Lono. „Dann habe ich noch einen Tipp für dich. Wir haben gestern in der Vorlesung auch noch gelernt, wie man so ein Verkaufsgespräch aufbaut."

„Das klingt spannend, Lono", erwidert Kimba. „Wie macht man das denn?"

„Also, anfangen sollte man ein Verkaufsgespräch immer mit einer sogenannten Aufwärmphase. Du musst ja erst mal Kontakt zum Kunden bekommen. Danach kommt Phase zwei, die nennt sich Bedarfsermittlung. Da musst du rausfinden, was der Kunde wirklich will. Im Anschluss daran kommt eine Phase, die nennt sich Lösungspräsentation. Da zeigst du dem Kunden, was seinen Bedürfnissen gerecht wird und was für tolle Produkte ihr für ihn habt. Das Dumme ist nur, dass der Kunde meistens Einwände hat. Du musst also als Phase vier eine sogenannte Einwandbehandlung einplanen. Und dann musst du natürlich auch noch den Abschluss hinbekommen."

Puh, das ist ganz schön viel, denkt sich Kimba. Also, wie war das? Aufwärmphase, Bedarfsermittlung, Lösungspräsentation, Einwandbehandlung und Abschluss – alles Wörter, die Kimba noch nie gehört hat. Wie soll er denn damit heute bloß klar kommen?

„Vielen Dank für die Unterstützung, Lono", sagt Kimba, „aber ich muss jetzt los, ich will nicht zu spät kommen."

„Alles Gute!", ruft Lono noch und schon ist die Verbindung unterbrochen.

Aufgeregt und mit dem Kopf voller Gedanken betritt Kimba pünktlich den Laden. Erst heute bemerkt er, dass es ein Geschäft ist, in dem Mobiltelefone, Tablet-PCs und viele andere tolle technische Sachen verkauft werden. Daran hat Kimba schon immer Interesse gehabt.

Da kommt auch schon sein neuer Chef auf ihn zu. „Da ist ja mein hartnäckiger und überzeugender Löwe! Und pünktlich bist du auch, das ist schon mal gut", begrüßt er ihn. „Bevor ich dich auf die Kunden loslasse, junger Löwe, verkaufst du aber bitte mir erst einmal etwas!"

Kimba schluckt erst mal schwer und versucht sich krampfhaft, die fünf Phasen des Verkaufs, die sein Freund Lono ihm extra noch gesagt hat, wieder ins Gedächtnis zu rufen – mit wenig Erfolg.

„Los geht's!", ruft sein Chef. „Ich bin der Kunde und betrete den Laden. Ding dong!"

Kimba nimmt seinen ganzen Mut zusammen, geht auf seinen potentiellen neuen Chef zu und sagt: „Hallo, willkommen bei uns. Ich bin Kimba, was kann ich für Sie tun?"

„Ich will mich nur umschauen", entgegnet sein Chef.

„Ja gerne, schauen Sie sich in Ruhe um. Waren sie denn schon mal bei uns hier im Geschäft?"

„Nein", knurrt ihn sein Chef an.

„Dann freue ich mich umso mehr, dass Sie heute bei uns sind. Ich möchte Ihnen einen kurzen Überblick geben. Wir haben Mobiltelefone, wir haben aber auch Tablet-PCs und das entsprechende Zubehör. Womit darf ich Sie denn heute glücklich machen?", fragt Kimba.

„Ja, ich will mal so ein Tablet anschauen", sagt sein Chef.

„Sehr gerne, wenn Sie mir kurz folgen würden, die haben wir alle hier auf der rechten Seite des Ladens. Wie möchten Sie das Gerät denn nutzen?"

„Stopp, stopp, stopp!", ruft sein Chef. „Sag mal, junger Löwe, woher kannst du das denn?"

„Was genau meinen Sie?", erwidert Kimba.

„Na, du machst das hochprofessionell!"

„Echt? Da freue ich mich", erwidert Kimba.

„Wo hast du das denn gelernt?"

„Ähm, gar nicht."

„Wow, dann bist du ein Naturtalent!", sagt sein Chef. „Also, wir machen es kurz: Du hast den Job!"

Kimba kann es kaum fassen und sagt seinem Chef: „Aber Chef, es fehlen doch noch drei Phasen im Verkauf. Ich habe erst die Aufwärmphase und den Anfang der Bedarfsermittlung hinter mich gebracht. Wir müssen doch noch die Lösungspräsentation, die Einwandbehandlung und den Abschluss machen."

„Wow, du bist wirklich gut informiert", sagt sein Chef. „Ich glaube es ist an der Zeit, dass ich mir deinen Namen merke, Kimba war das, oder?"

„Ja richtig, ich heiße Kimba."

„Also komm, lass uns den Vertrag machen!"

Kimba freut sich riesig und ruft sofort seinen Freund Lono an, um ihm zu sagen, dass er den Job hat. Dieser gratuliert ihm, sagt dann aber etwas gehetzt: „Ich habe gerade keine Zeit, ich muss in die nächste Vorlesung."

3

Motivation nach Kimba an schlechten Tagen

Lono blinzelt verschlafen in den Sonnenstrahl, der durch das Fenster in sein Studentenzimmer fällt. Auch wenn die Sonne schon lange aufgegangen ist, findet Lono, dass es noch keine Zeit ist, aufzustehen. Beim Umdrehen knurrt er: „Heute nicht, Sonne, ich bin nicht motiviert."

Doch weiterschlafen kann er auch nicht, denn die ganze Zeit geht ihm dieses Wort Motivation im Kopf herum. Das hört er in letzter Zeit permanent. Motivation hier, Motivation da, alle sprechen davon, die Professoren, seine Kommilitonen – jeder.

Irgendwann siegt die Neugier und Lono steht auf und geht an seinen Computer, um herauszufinden, was denn hinter dieser ominösen Motivation steckt. Er gibt das Wort Motivation in einer Suchmaschine ein und wartet, was er für Ergebnisse bekommt. Über das Internet findet er heraus, dass Motivation auf das lateinische Wort movere zurückzuführen ist, was so viel heißt wie bewegen, antreiben. Auch liest er dort etwas von intrinsischer und extrinsischer Motivation, also der Motivation, die von einem selber kommt und der Motivation, die von außen auf einen einströmt. Er liest dort auch von Prozessmodellen und Motivationstheorien. In jedem Fall scheint das ein ziemlich komplexes Thema zu sein. Lono beschließt, diesem Thema weiter auf den Grund zu gehen. Allerdings nicht jetzt, sondern lieber morgen oder übermorgen. Also geht er wieder in sein Bett, macht die Augen zu und schläft.

Kimba hingegen schläft nicht, im Gegenteil. Er steht schon wieder fröhlich und motiviert in dem Telefonladen und bedient Kunden. Überhaupt geht es Kimba richtig gut. Sein neuer Job und der Arbeitsvertrag, den er bekommen hat, haben ihn unglaublich motiviert. Kimba wacht jeden Morgen auf und kann es kaum erwarten, wieder zur Arbeit zu gehen.

Es hilft ihm auch, dass er inzwischen eines dieser neuen Smartphones hat, auf das er sogar Musik draufspielen konnte. So hat er immer seine Lieblingsmusik im Ohr, wenn er in der Frühe zur Arbeit läuft. Das ist auch der Grund, warum er meistens morgens fröhlich pfeifend in den Laden kommt und seinen Kollegen und vor allem seinem Chef lächelnd einen wunderschönen guten Morgen wünscht.

Je nachdem, welche Laune sein Chef gerade hat, knurrt der manchmal: „Ach Kimba, du bist ja geradezu ekelhaft fröhlich."

Darauf entgegnet Kimba immer: „Ja, Chef, mir macht es Spaß, hier zu arbeiten und ich möchte die Probezeit bestehen. Na ja, und dann möchte ich eigentlich auch der beste Verkäufer hier im Laden werden!"

Als Lono wieder aufwacht, ist es bereits Abend. Noch etwas schlaftrunken hebt er mühsam eine Pfote aus dem Bett und rollt sich auf alle viere. Da klingelt das Telefon, sein Freund Kimba ruft an. Das macht ihn dann doch etwas wacher. Lono reißt sich zusammen, er kann ja schlecht um diese Uhrzeit verschlafen klingen: „Hallo Kimba, du arbeitender Löwe!"

„Hallo Lono", grüßt Kimba, „du klingst ja ganz schön fröhlich"!

„Ja", sagt Lono, „es war ein guter Tag heute. Ich habe mich mit Motivation beschäftigt."

„Oh, das ist eine spannende Materie", steigt Kimba gleich auf das Thema ein. „Mein Chef hat mich heute auch gefragt, warum ich immer so motiviert bin."

„Ach ja?", fragt Lono. „Erzähl doch mal. Warum bist du denn so motiviert?"

„Na ja", sagt Kimba, „ich habe mehrere Ziele, die ich unbedingt erreichen will. Und ich habe auch noch Spaß daran, zu arbeiten und ich habe mich gefreut, dass ich den Arbeitsvertrag bekommen habe und morgens höre ich immer tolle Musik. Und wenn es gerade mal gar nicht gut läuft, dann stelle ich mich vor einen Spiegel und schaue mich selber an. Dann frage ich mich, würdest du als Kunde einem Löwen, der so grimmig schaut, etwas abkaufen? Dann fange ich an, mich anzulächeln und so ein bisschen zu grinsen und irgendwann kommt dann der Punkt, wo ich merke, dass ich selber lachen muss, über mich, weil ich vor einem Spiegel stehe und mich selber angrinse. Das ist ja auch wirklich ein bisschen komisch, oder? Aber in jedem Fall gehe ich dann wieder raus und bin voller Elan und voller Spaß und kann wieder motiviert mit den Kunden umgehen."

„Aha", entgegnet Lono, „dann hast du also eine hohe intrinsische Motivation." „Eine was?", fragt Kimba.

„Eine intrinsische Motivation. Eine Motivation, die in dir steckt, die von innen heraus kommt. Es muss dich keiner von außen motivieren, du machst das selbst."

„Stimmt, so ist das", entgegnet Kimba. „Wobei mein Chef mir auch ein Provisionsmodel angeboten hat. Das heißt, wenn ich viel verkaufe, bekomme ich auch mehr Geld. Aber, um ehrlich zu sein, ist mir das gar nicht so wichtig. Denn mein Chef hat mir angeboten, dass ich ab dem Monat, in dem ich der beste Verkäufer bin, die Verantwortung für die Zubehörabteilung bekomme. Na ja, und ich gebe zu, dass mein Chef mir offen sagt, dass er mit mir zufrieden ist und mich auch mal lobt, das hat schon auch gut getan …"

„Hm", grübelt Lono, „dass du die Möglichkeit hast, mit einer bestimmten Leistung mehr Verantwortung zu bekommen, das dürfte dann wohl diese extrinsische Motivation sein, von der alle sprechen. Die Motivation von außen."

Kimba lacht und sagt: „Mann, Lono, exi, insi, du kennst vielleicht Worte! Mir ist das egal. Ich weiß was ich will, ich habe meine Ziele, die verfolge ich, das macht mir Spaß und motiviert mich. Nenn du es, wie du willst!"

Eigentlich müsste man noch eine Motivation à la Kimba in die Literatur mitaufnehmen, denkt Lono nach ihrem Gespräch und stellt sich vor, wie sein Freund grimmig in den Spiegel guckt. Dabei muss Lono selbst anfangen zu grinsen. Zumindest fühlt er sich jetzt wach genug, den Tag zu beginnen.

4

Löwenstark am Telefon

Vier Monate sind bereits vergangen, seitdem Kimba seinen Job in dem kleinen Telefonladen angetreten hat, da ruft sein Chef ihn zu sich. „Kimba, du machst deine Sache im Verkauf wirklich sehr gut und ich habe eine neue Idee. Ich habe beschlossen, dass du in den Außendienst gehst!" Das ist die kurze und knappe Aussage von Kimbas Chef.

Kimba ist völlig überrascht und stammelt: „Ähm, Außendienst? Wie, was, wie soll das gehen? Und was muss ich da tun?"

„Na ja, dass du verkaufen kannst, das hast du ja in den letzten Monaten bewiesen", sagt sein Chef, „und jetzt geht es darum, nicht denjenigen Kunden etwas zu verkaufen, die zu uns in den Laden kommen, sondern aktiv auf Kunden zuzugehen, die uns vielleicht noch gar nicht kennen. Und dazu ist es wichtig, dass du am Anfang lernst, wie man am Telefon einen Termin bekommt. Aber keine Angst, Kimba, das musst du dir nicht selber beibringen, wir haben einen Verkaufstrainer dafür engagiert."

Bis zu diesem Zeitpunkt wusste Kimba überhaupt nicht, dass es Menschen gibt, die einem das Verkaufen beibringen können. Aber da Kimba sehr neugierig ist, freut er sich auf den Tag mit dem Trainer.

Lono macht gerade eine seiner inzwischen liebgewonnenen Pausen auf dem Campus.

Ein Kommilitone setzt sich zu ihm und sagt: „Ey, Lono, hast du schon gehört? Wir müssen ein Praktikum machen!"

„Wie? Ein Praktikum machen?", fragt Lono nach.

„Ja, wir müssen für den Verkaufskurs von Professor Ten Laien einen Praktikumsplatz finden."

„Äh, wie soll das denn gehen?", entgegnet Lono skeptisch.

„Na ja, ganz einfach", sagt der Kommilitone, „wir suchen uns eine Firma raus, rufen dort an und fragen, ob die uns einen Praktikumsplatz anbieten können. Lono, was hältst du davon, wenn wir einen Wettbewerb daraus machen? Wer von uns beiden zuerst einen Praktikumsplatz bekommen hat, gewinnt!"

„Na gut", steigt Lono ein wenig zögerlich auf den Vorschlag ein.

„Prima!", sagt sein Kommilitone. „Auf los geht's los! Morgen treffen wir uns zur gleichen Zeit wieder hier und dann schauen wir, wer gewonnen hat."

Am nächsten Tag geht Lono mit einigem Unbehagen zum Treffpunkt. Er hat keinen Praktikumsplatz. Um ehrlich zu sein, hat er noch nicht mal irgendwo bei einem Unternehmen angerufen, um nach einem Praktikumsplatz zu fragen. Insofern ist ihm klar, dass er den kleinen Wettbewerb mit seinem Kommilitonen wohl verloren hat. Lonos Mitstudent ist bereits am Treffpunkt.

Als er Lono kommen sieht, sagt er: „Tada! Ich habe einen Praktikumsplatz. Hast du auch einen?"

Etwas kleinlaut muss Lono zugeben, dass er keinen Praktikumsplatz ergattert hat.

„Was war denn los?", fragt der Kommilitone.

„Na ja", sagt Lono, „ich weiß auch nicht. Ich habe mir im Internet Firmen rausgesucht, habe geschaut, was die machen, habe die Telefonnummer gefunden, meistens auf der Webseite und irgendwie, na ja, also einfach da anzurufen, das kann man doch nicht machen."

„Wieso denn nicht?", fragt sein Mitstudent.

„Ja, was ist denn, wenn die keinen Praktikumsplatz zu vergeben haben? Oder nicht in dem richtigen Bereich? Oder wenn die eigentlich gar nicht angerufen werden wollen?"

Jetzt fängt sein Kommilitone an zu lachen. „Lono, weißt du, wie du dich gerade anhörst? Wie in der Geschichte von Paul Watzlawick ‚Anleitung zum Unglücklichsein', wo der eine Nachbar vom anderen Nachbar einen Hammer leihen will und sich zum Schluss so viele Gedanken macht, warum der Nachbar ihm den Hammer sicher nicht leihen möchte, dass er ihn letztendlich nicht einmal fragt."

Lono erinnert sich an die Geschichte und ein wenig muss er jetzt schmunzeln, weil er tatsächlich genau das Gleiche gemacht hat. Gar nicht erst fragen, sondern sich selber immer Gedanken machen, warum irgendetwas nicht geht. Speziell beim Telefonieren wird dann der Telefonhörer unglaublich schwer, so dass man ihn fast gar nicht mehr hochheben kann. Das kann Lono nicht auf sich sitzen lassen und geht umgehend in die Universitätsbibliothek, um sich Bücher zum Thema „richtig telefonieren" zu holen.

Es ist bereits spät geworden, als Lonos Telefon klingelt und ein aufgeregter Kimba dran ist. „Lono, ich hatte heute mein erstes Verkaufstraining und da habe ich gelernt, wie man am Telefon Termine bekommt!"

„Klasse!", freut sich Lono, „da kannst du mir gleich Tipps geben, denn genau das brauche ich gerade. Ich muss nämlich ein Praktikum machen. Ich wälze gerade schon Bücher, in denen es darum geht, wie man an den Entscheider herankommt und was man dem sagen muss und so weiter. Aber ganz ehrlich, so wirklich traue ich mich das nicht."

„Ach Lono, so schlimm ist das gar nicht", muntert ihn Kimba auf und freut sich sogar ein wenig, denn es ist das erste Mal, dass er seinem studierenden Freund jetzt Tipps geben kann. „Das Wichtigste ist erst mal die Einstellung, die du dazu hast. Am anderen Ende der Leitung sind auch nur Menschen und die machen eben ihren Job. Das bedeutet, wenn sie versuchen, dich abzuwimmeln, nimm es nicht persönlich. Es geht nicht gegen dich, sondern die Menschen haben einfach die Aufgabe, die Telefonate zu filtern und zu kategorisieren in ‚was ist wichtig' und ‚was ist weniger wichtig'. Wenn die jedes Telefonat einfach annehmen und durchstellen würden, dann würde der Entscheider nie zu seiner eigentlichen Arbeit kommen. Und das hat gar nichts mit dir zu tun. Der nächste Tipp, den ich von meinem Verkaufstrainer bekommen habe, war, erst einmal aufzuschreiben, warum sich denn mein Gegenüber mit mir unterhalten sollte. Was habe ich zu bieten, das ihn interessieren könnte? In deinem Fall, Lono, könnte es zum Beispiel sein, dass du ihm sagst, dass du an einer renommierten Universität studierst, dass du ein cleverer Löwe bist und vielleicht kannst du dem Unternehmen anbieten, eine Studie zu machen, an deren Ergebnissen sie interessiert sind. Das ist ja dann ein sehr sinnvoller Rahmen für ein Praktikum. Und wenn das Unternehmen das entsprechende Interesse hat, sollte es überhaupt kein Problem darstellen. Das Gleiche habe ich heute mit meinem Verkaufstrainer gemacht. Wir haben einfach mal zusammengestellt, was denn der Kunde davon hat, wenn er mit mir einen Termin ausmacht. Das ist die wichtigste Überlegung von allen."

Lono ist begeistert: „Das hört sich wirklich gar nicht so schwer an. Jetzt profitieren wir beide von deinem Verkaufstrainer. Danke für deine Tipps, Kimba, und gute Nacht!"

Die Freunde verabschieden sich und legen auf. Als Lono noch einmal über das Gespräch nachdenkt, fällt ihm ein neues Problem ein. Aber an den Entscheider heranzukommen, das ist wahrscheinlich doch nicht so einfach wie es klingt, knurrt er ein wenig nachdenklich vor sich hin.

5
Mit der Schmusestrategie durchs Vorzimmer

Einige Tage später telefonieren die beiden Freunde wieder miteinander. Lono erzählt Kimba davon, dass er in etlichen Büchern diverse Strategien gefunden hat, mit denen er quasi das Vorzimmer ausschalten, überwinden oder austricksen könne. Genau diese Worte hat er in verschiedenen Büchern gefunden und wundert sich ein wenig darüber, ob das der einzig wahre Weg ist, mit dem man an den Entscheider herankommt. Deshalb hat Lono beschlossen, seinen Freund Kimba hierzu zu fragen, da der einfach mehr Erfahrung in der Praxis hat.

„Sag mal, Kimba, muss man das Vorzimmer wirklich überwinden oder austricksen oder gar ausschalten? Ich bin mir da nicht so sicher. Das hört sich alles ein bisschen hinterlistig und teilweise sogar aggressiv an. Ich habe in einem Buch sogar gelesen, man soll das Vorzimmer gar nicht ernst nehmen und einfach sagen, es handle sich um etwas Privates, wenn gefragt wird, worum es denn geht. Denkst du auch so?"

„Um Gottes willen, nein!", antwortet Kimba. „Ich habe genau die gegenteilige Strategie. Der Verkaufstrainer, Martin „Löwenherz" Sänger, mit dem ich da zusammengearbeitet habe, hat gesagt: ‚Mache dir das Vorzimmer zum Freund und du wirst zum Entscheider durchkommen.' Die Zeiten, in denen in dem sogenannten Vorzimmer nur eine Art Sekretärin saß, sind schon längst vorbei. Heutzutage sind das richtiggehende Manager, die Entscheidungen mittreffen, die selektieren und ihren Chef in gewisser Weise zum einen abschotten, zum anderen aber auch genau entscheiden, was zu ihm durchkommen soll und was nicht. Viele Dinge werden auch von den Chefs wieder an ihre Assistenten zurückdelegiert mit den Worten ‚Kümmern Sie sich darum!' Und wenn der Assistent dann merkt, dass er ausgetrickst wurde oder dass man ihn hintergangen hat, wie hoch wird dann wohl die Chance sein, dort wirklich zum Zuge zu kommen?"

Lono ist erstaunt. Über so etwas hat er sich noch nie Gedanken gemacht. Aber es klingt irgendwie einleuchtend.

Kimba fährt fort: „Lono, ich erzähle dir mal, was ich gestern am Telefon erlebt habe. Ich habe versucht, den Leiter der IT-Abteilung eines großen Unternehmens zu erreichen. Ich wollte ihm etwas vorstellen, was wir jetzt neu in unserem Programm haben. Drei Versuche habe ich gebraucht und bin jedes Mal nur bei seinem Assistenten gelandet. Dieser Assistent hat auch immer gefragt, worum es geht und hat mir dann ausgerichtet, dass der IT-Leiter gerade nicht zu sprechen ist. Natürlich war ich immer sehr freundlich zu dem Assistenten und als ich das vierte Mal anrief, da habe ich ihn einfach gefragt: ‚Sagen Sie mal, ich bin relativ sicher, dass Sie bereits mobile Datenlösungen im Einsatz haben. Was müsste denn ein neuer Lieferant anbieten können, damit Ihr Chef sich gerne mit ihm treffen würde?' Lono, du glaubst es nicht, ich habe unglaublich wertvolle Hinweise bekommen und ich konnte den Assistenten auch davon überzeugen, dass wir eine Lösung haben, die tatsächlich sehr spannend und auch kostensparend für das Unternehmen sein kann. Und als ich soweit war, habe ich den Assistenten einfach gefragt: ,Sagen Sie mal, wie könnten wir beide denn jetzt daran arbeiten, dass Ihr Chef sich einfach mal die Zeit nimmt, um einen Termin mit mir zu machen?' Genauso hat mein Verkaufstrainer mir das gesagt. Und, was soll ich sagen, Lono, nächste Woche Montag habe ich den Termin mit dem Chef. Das hat dann alles der Assistent eingefädelt und ich musste gar nicht mehr selber am Telefon den Chef überzeugen. Gut, ich muss natürlich nächsten Montag überzeugen, dass der mir auch was abkauft. Aber das schaffe ich schon."

Lono denkt kurz nach und sagt dann: „Ja, Kimba, ich freue mich für dich. Aber wie kann ich das denn bei mir einfädeln? Ich suche ja immer noch einen Praktikumsplatz und die meisten Leute, mit denen ich telefoniert habe, sagen mir nur: ,Ach, Sie sind heute schon der Zehnte, der danach fragt!' Wie kann ich die denn dann doch noch um die Pfote wickeln?"

„Da habe ich eine Idee", sagt Kimba. „Als Erstes, wenn du so eine Aussage hörst, reagiere mit Verständnis. Sag zum Beispiel den Satz: ,Ich kann das gut nachvollziehen, jedes Mal wenn da jemand anruft, werden Sie aus Ihrer Konzentration gerissen.' Und stell dann einfach eine Frage. Zum Beispiel: ,Was wäre denn ein Kriterium, damit ich bei Ihnen ein Praktikum machen könnte? Womit könnte ich bei Ihnen punkten?' Ganz viele Menschen sind tatsächlich sehr hilfsbereit und geben dir eine Antwort darauf. Und wenn du die Kriterien dann tatsächlich erfüllst, dann sag das einfach. Sag: ,Ja, Mensch, das ist doch super, wie kann ich denn jetzt bei Ihnen an ein Praktikumsplatz kommen, ohne dass ich Sie noch weiter anrufen muss?' Du wirst sehen, Lono, mit diesem Schmusekurs im Vorzimmer kommst du deutlich weiter. Die Leute geben dir Auskunft und manche stellen dich sogar zu jemandem durch, der dir noch besser weiterhelfen kann als sie selbst. Probier das einfach mal aus und berichte mir über deine Erlebnisse. Also bis demnächst, alter Freund, tschüss!"

6
Echte Löwen jagen nur vorbereitet

So stolz Kimba seinem Freund Lono gerade noch von dem erfolgreichen Termin erzählt hat, so schnell fällt ihm jetzt auf, dass das ja sein erster Außendiensttermin ist. Da bekommt er dann doch wieder etwas Schweißperlen auf der Mähne, weil er ja noch nie einen Termin vor Ort hatte. Tausend Gedanken schießen ihm gleichzeitig durch den Kopf.

Wie soll er denn dahin kommen? Wo ist dieser Kunde überhaupt? Wie soll er den Einstieg machen? Wie fängt man so ein Gespräch an? Was erzählt man dem Kunden und wie bekommt man den Abschluss? Oh je, das war eindeutig zu viel für Kimba. Er beschließt, seinen Chef um Rat zu fragen. Er atmet dreimal durch und klopft an die Bürotür.

„Chef", sagt Kimba, „ich brauche ein bisschen Unterstützung, ich weiß nicht, wie ich diesen Termin angehen soll."

Mit einer Handbewegung deutet der Chef auf einen Stuhl vor seinem Schreibtisch. „Setz dich, Kimba, wir gehen das miteinander durch. Das Allerwichtigste ist jetzt eine perfekte Vorbereitung. Lass uns zuerst mit einem Zeitplan anfangen. Wo sitzt denn dieser Kunde?"

Kimba kramt die Adresse raus, sagt aber gleich dazu, dass er die Straße nicht kennt.

„Das ist kein Problem", sagt der Chef und tippt die Adresse in seinen Computer, „guck mal, der Routenplaner sagt, dass du von hier aus 25 min dorthin brauchst. Jetzt ist es natürlich so, dass wir nicht ganz so knapp kalkulieren. Das heißt, wir gehen mal von 35 min aus. Dann hast du einen Puffer und bist in jedem Fall pünktlich. Wenn du dort angekommen bist und dich am Empfang gemeldet hast, wirst du sehen, dass dann alles sehr ähnlich zum Verkaufen hier im Laden ist. Mit dem einzigen Unterschied, dass du alles dabei haben musst. Du musst sehr viel besser vorbereitet sein, als wenn jemand hier zu uns kommt, denn in unserem Laden haben wir alles vorhanden. Wenn du vor Ort beim Kunden bist, musst du an alles gedacht haben. Ich empfehle dir, eine Checkliste zu machen mit dem, was du alles brauchst. Denke hierbei aber nicht nur an das, was du präsentieren willst, sondern auch noch an andere Themen, die ihn vielleicht interessieren könnten und sei auch darauf vorbereitet. Mit welchem Aufhänger hast du denn den Termin bekommen?"

„Mit unserem neuen Datentarif für die mobile Nutzung von Tablet-Computern", antwortet Kimba.

„Ah, sehr gut, dann brauchst du natürlich nicht nur die Tarif-Informationen, sondern am besten nimmst du auch ein Tablet mit, damit die Leute sehen können, wie schnell unsere Verbindungen sind. Und das Gerät, das du mitnehmen willst, gibst du vorher bitte unserem Techniker, damit auch wirklich alle Sachen installiert sind, die du vor Ort beim Kunden zeigen möchtest."

Kimba bedankt sich bei seinem Chef und macht sich daran, diese individuelle Checkliste zu erstellen. Es ist gar nicht so einfach, an alles zu denken, was er in Zukunft mit einem Kunden besprechen möchte. Außerdem hat er noch keine Erfahrung. Aber er konzentriert sich und gibt sein Bestes.

In einem kleinen Studentenzimmer auf dem Campus der Leorobi University sitzt ein fröhlicher Löwe. Lono hat tatsächlich einen Termin bekommen, um sich für ein Praktikum vorstellen zu können. Er hat sich sogleich an seinen Computer gesetzt und sucht im Internet nach vorgefertigten Checklisten, wie so ein Bewerbungsgespräch für so einen Praktikumsplatz am besten auszusehen hat. Innerhalb weniger Minuten wird er fündig. Er druckt sich diese Checkliste aus, legt sie auf seinen Schreibtisch und beschließt, dass er wegen diesem Erfolg jetzt Grund genug hat, mit den anderen Studenten feiern zu gehen.

Und während Lono sein erstes Löwenbräu trinkt, sitzt Kimba immer noch über seiner Checkliste. Vor allem bereitet ihm Kopfzerbrechen, was denn der Kunde wohl alles sehen möchte. Er beschließt, dem Techniker zu sagen, dass er vorsichtshalber einfach alles installieren soll, somit hat Kimba die Gewissheit, dass ihm nichts fehlt.

Als Kimba den letzten Punkt auf seine Checkliste schreibt, sieht er auf und bemerkt, dass es bereits dunkel geworden ist. Alle, bis auf sein Chef, sind schon nach Hause gegangen. Aber als Kimba sich dann noch mal seine Arbeit anschaut und die Checkliste zum letzten Mal durchgeht, bekommt er das gute Gefühl, an alles gedacht zu haben. So kann er zufrieden den Feierabend einläuten. Auf dem Nachhauseweg überlegt Kimba, ob es denn ausreichen würde, alles einfach nur zu erzählen, beziehungsweise mit einem Tablet zu zeigen oder ob es vielleicht schlau ist, eine kleine Präsentation vorzubereiten.

Er hat das vor Kurzem erst gesehen, so mit Beamer und Folien, die an die Wand projiziert werden, wo dann die tollsten Sachen drauf stehen. Das hat ihn fasziniert und er findet es eine gute Möglichkeit, dem Kunden einen Überblick zu geben. Er beschließt, am nächsten Tag seinen Chef zu fragen, ob er denn auch die Möglichkeit hat, so eine kleine Präsentation zu machen.

7

Der erste Eindruck: Löwe oder Hauskatze?

Lono hat inzwischen sichtlich Gefallen an seinem Studentenleben gefunden. Irgendwas ist immer los! Hier eine Party, da ein paar Freunde zum Billardspielen. Die ganze Zeit ist Lono beschäftigt. So kommt es auch, dass er eines Morgens kurz vor 10 Uhr aufwacht und mit Schrecken feststellt, dass er um 11 Uhr das Bewerbungsgespräch für seinen Praktikumsplatz hat. „Ach, nicht weiter schlimm", beruhigt sich Lono selbst. Denn er ist ja gut vorbereitet. Er hat eine Checkliste und was soll schon schiefgehen? Er ist ja ein cleverer Kerl. Also springt Lono aus dem Bett, zupft sich seine Mähne etwas zurecht, schüttelt sich zweimal und verlässt sein Studentenzimmer.

Als die Tür ins Schloss fällt, stellt er fest, dass er die Checkliste auf seinem Schreibtisch hat liegen lassen. Also noch mal zurück, Checkliste schnappen und ab die Post. Auf dem Weg zu seinem Vorstellungsgespräch trifft er Leonie. Leonie, wegen ihr ist er eigentlich an die Universität gegangen. „Hallo Lono!", ruft sie freudig. „Was machst du denn hier?"

„Hallo Leonie", begrüßt Lono sie sehr erfreut.

Leonie fragt ihn: „Sag mal, hast du ein paar Minuten Zeit? Lass uns einen Kaffee trinken!"

Lono überlegt nicht lange: „Klar, los geht's, trinken wir einen Kaffee miteinander, Leonie."

Und schon steuern die beiden die Cafeteria an.

Ganz anders verläuft der Tagesstart bei Kimba. Auch bei ihm ist der große Tag gekommen. Seine erste Präsentation bei einem Kunden. Vorsichtshalber hat er sich gleich zwei Wecker gestellt, damit er auch wirklich rechtzeitig aufwacht. Aber schon bevor der erste Wecker klingelt, ist Kimba bereits wach.

Er steht auf und macht sich zuerst einmal einen Kaffee. Die Kaffeemaschine ist ganz neu, Kimba hat sie sich von seiner ersten Provisionsabrechnung gekauft. Mit der Kaffeetasse in der Hand setzt er sich an den kleinen Tisch in seinem Apartment, das er inzwischen gefunden hat, nimmt seine Checkliste zur Hand und geht alles noch mal Punkt für Punkt ganz akribisch durch. Im Anschluss daran nimmt er das Tablet zur Hand, das er mit zur Kundenpräsentation nehmen will, geht auch hier noch mal alle Funktionen durch und probiert alles aus, was er dem Kunden live zeigen will. Auch die kleine Präsentation, die er mit Hilfe seines Chefs angefertigt hat, nimmt er noch einmal zur Hand und geht sie Folie für Folie durch. Im Anschluss daran geht Kimba ins Bad, wäscht sich ordentlich, kämmt seine Mähne und stutzt sogar noch seine Schnurrbarthaare.

„Für den ersten Eindruck gibt es keine zweite Chance", hat ihm sein Verkaufstrainer Martin Löwenherz Sänger gesagt. Also muss der erste Eindruck einfach perfekt sein.

Lono ist glücklich, besser kann das Leben gar nicht mehr werden, denkt er. Er sitzt mit Leonie in der Cafeteria und sie reden über alte Zeiten. Gedankenverloren tauschen sie Geschichten aus, die sie früher gemeinsam im Rudel erlebt haben. Doch plötzlich schießt es Lono durch den Kopf. „Ach du meine Güte, der Vorstellungstermin für meinen Praktikumsplatz! Leonie, ich muss los!", ruft er hektisch.

Er springt auf und läuft aus der Cafeteria heraus. Lono rennt was das Zeug hält. Er weiß gar nicht mal so genau, wo die Firma ist, bei der er sich jetzt vorstellen will. An der ersten Kreuzung fragt er einen Passanten, den er dort trifft, ob er die Firma kennt und ihm den Weg sagen kann. Gott sei Dank lautet die Antwort, dass er nur die Straße hinunter laufen muss, die erste Querstraße links, dann ist er auch schon am Ziel.

Abgehetzt und mit schweißnassen Pfoten steht er wenige Minuten später vor der Firmenzentrale. Lono schüttelt sich kurz und geht hinein. Na, Gott sei Dank, nur vier Minuten zu spät, das geht ja noch, denkt er erleichtert. Er meldet sich kurz am Empfang. Dort wird ihm gesagt, dass er im dritten Stock in Zimmer 12 gehen soll. Dort angekommen, sitzen schon drei Löwen von dem Unternehmen da und schauen ihn kritisch von oben bis unten an.

Der augenscheinlich Älteste von den dreien – Lono findet, er sieht ein wenig aus wie ein Geier – mustert ihn scharf und sagt: „Sehr schön, dass Sie es doch noch ermöglichen konnten, Herr Lono."

„Da haben Sie recht, das war vielleicht eine Hetzerei, sage ich Ihnen", erwidert Lono daraufhin.

„Na dann, überzeugen Sie uns mal, dass Sie den Praktikumsplatz doch noch kriegen. Los geht's, präsentieren Sie sich", erwidert der Löwe, der aussieht wie ein Geier.

Bei Kimba hingegen läuft alles sehr entspannt. Bereits 15 min vor der ausgemachten Uhrzeit ist Kimba vor der Firma angekommen. Er hat so noch genügend Zeit, sich in Ruhe umzuschauen. Er blickt sogar heimlich mal kurz durchs Fenster hinein und sieht, dass dort Löwen arbeiten, die auch viel lachen. Ein ganz klein wenig beruhigt das Kimba, denn wenn Löwen viel lachen, können sie und das Unternehmen ja nicht so schlecht sein, folgert er. Fünf Minuten vor der ausgemachten Uhrzeit betritt Kimba das Unternehmen und meldet sich am Empfang. Er nennt seinen Namen, seine Firma und mit wem er einen Termin hat.

„Nehmen Sie doch noch einen Augenblick Platz. Ich werde dem Leiter der IT-Abteilung sofort Bescheid geben, dass Sie da sind", sagt die freundliche Löwendame am Empfang zu Kimba und deutet auf ein wunderschönes Büffelledersofa, wo Kimba sich hinsetzen kann.

„Wow, das ist ja ein Empfang", denkt sich Kimba und nimmt auf dem Sofa Platz.

Schon nach kurzer Zeit kommt sein Ansprechpartner auf ihn zu und sagt: „Herr Kimba, freut mich, Sie persönlich kennenzulernen. Kommen Sie doch einfach mit in unseren Besprechungsraum."

Kimba steht auf und muss unweigerlich an die Worte denken, die sein Chef ihm noch mit auf den Weg gegeben hat: „Lauf gerade und sei stolz wie ein Löwe. Der erste Eindruck muss sitzen."

Kimba steht also auf und hält seinem Ansprechpartner die Pfote hin, um ihm mit nicht zu festem, aber auch nicht zu weichem Pfotendruck erst einmal zu begrüßen. „Vielen Dank für den sehr freundlichen Empfang", sagt Kimba, „ich freue mich schon darauf, mit Ihnen gemeinsam darüber nachzudenken, wie wir Ihre mobilen Daten zukünftig besser organisieren können."

8

Lono und Kimba müssen überzeugen!

Lono fühlt sich herausgefordert. Dieser Herr Geier hat die Worte „doch noch" so komisch betont. So als ob es auf der Kippe stehe, ob er den Praktikumsplatz bekommt. Das hatte sich am Telefon noch ganz anders angehört. Da meinte sein Ansprechpartner noch, dass sie händeringend einen Praktikanten suchten.

Egal, Lono legt los: „Ja äh, also ich bin Lono und ich bin der Sohn von Leonidas. Mein Vater hat das größte Rudel bei uns in der Gegend und ist da der König davon und ja, ähm, ich hatte viel Spaß in meiner Kindheit und bin jetzt hier seit einem knappen Jahr in Leorobi an der Universität und äh …" So langsam weiß Lono gar nicht mehr, was er sagen soll.

Da entdeckt er in der Ecke des Besprechungsraumes ein Flipchart. In einer seiner Vorlesungen hatte er gehört, dass der Professor etwas von Visualisieren gesprochen hat. Also, man soll immer, wenn man was erzählt, dem Zuhörer auch noch die Möglichkeit geben, etwas zum Thema passendes zu sehen. Also geht Lono zum Flipchart und überlegt sich kurz, was er da wohl aufmalen könnte. Er empfindet es als eine gute Idee, mit einem Porträt von sich selbst anzufangen. Damit das Ganze nicht zu viel Zeit in Anspruch nimmt, achtet Lono nicht besonders darauf, schön zu zeichnen oder sauber zu schreiben. Na ja, er merkt dabei selbst, dass er einfach irgendetwas auf das Flipchartpapier kritzelt und dabei ununterbrochen redet. Und genau so unstrukturiert sind seine Zeichnungen dann auch. Herr Geier und die beiden anderen sitzen stumm da. Ab und zu macht sich einer eine Notiz.

Lono merkt, dass er mehr und mehr den Faden verliert. Jetzt wünscht er sich, er hätte doch noch einmal kurz auf die Checkliste geschaut, bevor er in dieses Meeting gegangen ist. Er überlegt auch kurz, wie es wohl ankommen würde, wenn er die Checkliste jetzt einfach rausholen und sagen würde: „Ich habe mir da was zusammengeschrieben."

Er entscheidet sich aber dagegen. Irgendwann hört Lono einfach auf, blickt in die Runde und sagte selbstbewusst: „Okay, Fragestunde!" Die drei Herren quittieren das mit Schweigen und ziemlich ernsten Blicken.

Bei Kimba hingegen sieht die Welt ganz anders aus, er ist ruhig, wenn auch ein klein wenig angespannt, jedoch in einer positiven Atmosphäre. Die Technik hat auf Anhieb funktioniert, er kann sein Tablet sogar, ohne nachfragen zu müssen, mit dem Beamer koppeln. Dann stellt ihm der IT-Leiter noch einen Kollegen vor und sagt zu Kimba, dass dieser für den Einkauf verantwortlich ist. Kimba bemerkt, dass der Einkäufer etwas skeptisch auf die Präsentation blickt, die Kimba mit Hilfe des Beamers bereits an die Wand projiziert hat. Kimba musste unweigerlich schmunzeln, denn genau darauf hat ihn der Verkaufstrainer vorbereitet.

Er lächelt den Einkaufsleiter an und sagt: „Keine Angst, ich werde sie nicht mit einer zehnminütigen Präsentation über unsere Firmenhistorie ins Koma versetzen. Ich werde Ihnen auf der ersten Folie präsentieren, warum es für sie gut, sinnvoll und wichtig ist, dass wir heute hier gemeinsam über das Thema mobile Datenübertragung reden."

Der Einkaufsleiter hebt eine Augenbraue, blickt Kimba an und meint: „Hm, habe ich mich da jetzt durch meinen Blick verraten?"

„Ja", sagt Kimba, „aber das ist ganz normal. Es ist doch völlig uninteressant, wann, wer, wie, welche Firma gegründet hat. Es ist doch viel wichtiger, dass wir gleich darüber reden, was Sie davon haben, wenn wir zusammenarbeiten."

„Das gefällt mir", sagt der IT-Leiter, „lasst uns loslegen!"

Kimba sagt: „Aber sicher, los geht's!" und geht zu seinem Tablet-PC, um die Präsentation zu starten.

Auf der ersten Folie von Kimba steht nur eine große Zahl mit einem Prozent-Zeichen dahinter. „28 %" steht dort. Kimba erkennt, dass seine beiden Gesprächspartner ein wenig stutzen. Daraufhin sagt er: „Meine Herren, wäre das heute ein sinnvoller Termin, wenn wir Ihre Datenübertragungskosten im mobilen Bereich um 28 % reduzieren könnten?"

„Oh, das wäre genial", sagt der Leiter der IT-Abteilung.

Allerdings entgegnet der Einkaufschef: „Na ja, das kommt auf die Investition an, mit der dieses nötig ist."

Kimba lächelt und meint: „Und genau das werden wir jetzt gemeinsam feststellen."

So langsam verschwindet Kimbas Nervosität. Es läuft alles genauso wie es sein Chef und auch der Verkaufstrainer gesagt haben. Er hat die ungeteilte Aufmerksamkeit seiner Zuhörer und kann jetzt in Ruhe alles präsentieren, was für einen erfolgreichen Verkaufsabschluss vorbereitend notwendig ist. Kimba bemerkt, dass ihm die Präsentation immer mehr Spaß macht. Er gibt den beiden Herren den Tablet-Computer, den er extra mitgebracht hat und lässt sie damit spielen. Er erzählt ihnen von mehreren konkreten Anwendungsbeispielen. Und das Schönste ist: Durch seine gute Vorbereitung und die Checklisten, die er immer so gründlich abgearbeitet hat, weiß er zu jeder Zeit genau, wo er ist, was er sagen möchte und zu welchem Zweck er das sagen möchte. Die Präsentation, die er dafür gemacht hat, enthält oft lediglich ein Bild oder auch manchmal nur ein Wort, oder – wie die erste Folie – einfach nur eine Zahl. Das alles dient hauptsächlich als visuelle Unterstützung dessen, was Kimba gerade präsentiert.

9

Präsentationen, so beeindruckend wie der König der Tiere

Kimba kann sein Glück kaum fassen. Noch etwas aufgeregt, aber sehr, sehr zufrieden, steht er vor der Firma, bei der er gerade über eine Stunde mit zwei Entscheidungsträgern einen tollen Austausch über „sein" Produkt hatte. Sowohl der Einkaufsleiter als auch der Leiter der IT-Abteilung hatten Kimba zugesagt, im nächsten großen Meeting, in dem sich alle Führungskräfte zusammensetzen, eine Empfehlung dafür auszusprechen, mit der kompletten Mobilkommunikation zu Kimbas Firma zu wechseln.

Na, wenn das kein Erfolg ist, jubelt Kimba für sich. Und diese große Freude und auch diese Aufregung will Kimba sofort mit seinem guten alten Freund Lono teilen. Kurzentschlossen nimmt er sein Telefon und ruft ihn an: „Lono, du kannst dir nicht vorstellen, was gerade passiert ist. Ich hatte meine erste Präsentation und es war toll. Ja, es hat sogar richtig Spaß gemacht", sprudelt es aus Kimba heraus, als er die Stimme seines Freundes am anderen Ende der Leitung hört.

Lono entgegnet: „Hey, das hört sich gut an, alter Freund!" und ist dabei sehr bemüht, fröhlich zu klingen.

Doch die beiden Löwen kennen sich schon lange und so ist es Kimba nicht entgangen, dass etwas Traurigkeit in Lonos Stimme ist. Und obwohl Kimba den Drang verspürt, seinem alten Kumpel alles haarklein zu erzählen, stoppt er und fragt zuerst: „Was ist los, Lono? Du hörst dich nicht so wirklich gut an."

„Ach, weißt du", sagt Lono, „ich hatte heute doch das Gespräch für den Praktikumsplatz und das ist nicht so wirklich gut gelaufen. Ich darf jetzt zwar einen Tag zu dieser Firma zum Probearbeiten kommen, aber zugesagt haben sie mir den Praktikumsplatz noch nicht."

Im Anschluss erzählt Lono Kimba die ganze Geschichte, dass er auf dem Weg dorthin Leonie getroffen hat, dass er zu spät war, dass er vor Aufregung dann nur von sich erzählt hat und auch dass er nicht wirklich auf die Checkliste geschaut hat, bevor er das Gespräch wahrnahm.

„Ach, Lono", versucht Kimba seinen Freund aufzubauen, „dann zeigst du einfach bei dem Probetag, was in dir steckt und ich bin sicher, dann bekommst du das Praktikum. Was ist denn bei der Präsentation selber schief gegangen? Du hast mir bis jetzt nur von den äußeren Umständen erzählt, mit Leonie Kaffee trinken, zu spät kommen und so weiter. Aber wie hast du denn präsentiert?"

Lono muss seinem Freund gegenüber zugeben, dass er mehr oder weniger einfach nur geplappert hat, unstrukturiert war und dabei nur von sich selbst gesprochen hat.

„Ja", sagt Kimba, „da sind tatsächlich ein paar Kardinalfehler drin, die du beim Präsentieren besser nicht machen solltest. Erste Regel: Spreche in kurzen, prägnanten Sätzen. Zweite Regel: Spreche in ganz normalen Worten, nicht in irgendwelchen Worthülsen oder in Fremdwörtern, die dein Publikum unter Umständen nicht versteht. Die dritte Regel: Sag deinen Gesprächspartnern, was sie davon haben, wenn sie, in deinem Fall, dich für ein Praktikum einstellen. Die Löwen interessieren sich nur selten dafür, was du kannst. Sie interessieren sich aber sehr dafür, was sie davon haben, was du kannst."

Lono hört ihm aufmerksam zu.

„Was auch immer sehr gut funktioniert", fährt Kimba fort, „ist, wenn du in Bildern sprichst und auch wenn du Vergleiche ziehst, unter denen sich deine Zuhörer was vorstellen können. Je bildlicher du sprichst, desto besser bleibt das, was du sagen willst, bei deinem Publikum hängen."

Lono unterbricht seinen alten Freund und sagt: „Mensch, Kimba, da kann ich ja noch richtig viel von dir lernen. Mir ist auch aufgefallen, während ich da präsentiert habe, dass meine Stimme ganz fiepsig klang, gar nicht wie ich und schon gar nicht wie ein stolzer Löwe."

„Das kenne ich", erwidert Kimba, „das ist gar nicht so einfach. Man ist aufgeregt und man ist dann meistens auch viel zu schnell. Hier hilft es, ganz gezielt, bevor du mit der Präsentation anfängst, einmal tief auszuatmen und vielleicht innerlich bis drei zu zählen und dann am Anfang ganz bewusst langsam und konzentriert zu sprechen."

Plötzlich hat Kimba eine zündende Idee und sagt: „Lono, ich glaub ich weiß was, was dir dabei helfen könnte. Ich habe die Möglichkeit, dir eins von diesen neuen Smartphones zu schicken. Da ist auch eine Videofunktion dabei und vor deiner nächsten Präsentation kannst du dich einfach mal damit aufnehmen und dich selber anschauen und auch anhören. Was hältst du denn davon?"

„Das würdest du tun?", entgegnet Lono. „Das wäre ja klasse, ist aber natürlich auch viel Aufwand."

„Tja", erwidert Kimba. „Übung macht den Meister, auch hier. Ach, und ich habe noch einen ganz wichtigen Tipp für dich, was du auf keinen Fall bei einer Präsentation tun solltest. Sag zum Schluss deiner Präsentation bitte niemals: ‚Vielen Dank für Ihre Aufmerksamkeit!' Das ist so altbacken und abgedroschen, das kann keiner mehr hören. Und wo wir schon dabei sind, wo hast du eigentlich während der Präsentation hingeschaut, Lono? Hast du deine Zuhörer angeschaut?"

„Nein, eher nicht, Kimba, ich habe auf das Flipchart geschaut und oft auch auf den Boden, ähm ja, und einmal auch zum Fenster raus."

„Auch das kannst du prima mit der Kamera trainieren, indem du dich selbst bei einer Präsentation aufnimmst", sagt Kimba. „Denn ein direkter Blickkontakt mit dem Publikum, natürlich wechselnd, nicht immer nur einen Zuhörer anschauend, ist auch ganz, ganz wichtig. So wirkst du selbstbewusst und selbstbewussten Löwen hört man gerne zu. Das ist eine Präsentation im Löwenstil!"

10

Die passenden
Präsentations-Hilfsmittel

Am nächsten Tag ist Lono immer noch sehr beeindruckt davon, was sein alter Freund Kimba schon alles über das Thema Präsentationen weiß. Gleichzeitig hat Lono auch ein schlechtes Gewissen, vor allem sich selbst gegenüber, dass er die ganze Sache mit dem Praktikumsplatz nicht ernster genommen hat. Und ja, ein wenig schämt er sich auch, dass Kimba jetzt als kluger, cleverer Löwe dasteht und er so ein bisschen als kleiner Löwe, der noch viel lernen muss. Daraufhin beschließt Lono sein Fell hochzukrempeln und sich in die Arbeit zu stürzen. Er will Kimba auch etwas zeigen, was sein Freund vielleicht noch nicht kennt.

Lono geht also in die Universitätsbibliothek und sammelt alle Bücher zusammen, die er zum Thema Präsentationen, Rhetorik, Überzeugung und so weiter finden kann. Neben all den Tipps, die vor allem das persönliche Auftreten, die Rhetorik, das Sprechen, die Stimme und die Körperhaltung betreffen – und all das, was er mit Kimba schon besprochen hatte – erregt vor allem ein Buch seine Aufmerksamkeit. Darauf steht: „Präsentationsmittel richtig einsetzen". Bei dem Wort Hilfsmittel muss Lono unweigerlich an sein wenig souveränes Gekritzel am Flipchart denken. Und er muss auch daran denken, dass Kimba ihm etwas von einer Beamer-Präsentation mit Laptop erzählt hat.

Diese Themen interessieren Lono und er sieht hier auch die Chance, sich relativ schnell einen Wissensvorsprung vor seinem alten Kumpel Kimba zu erarbeiten. Wenn er, Lono, jetzt clevere und gute Tipps für den Einsatz von Hilfsmitteln bei Präsentationen findet, dann kann er seinem Freund Kimba vielleicht auch mal an der einen oder anderen Stelle eine wertvollen Tipp geben.

Bereits nach kurzer Lektüre des Buches ist Lono klar, dass er sich die verschiedensten Softwareprogramme zum Thema Präsentieren auf seinen Computer downlöwen muss. Er geht also los und fragt in der Universität, ob es eine Studentenversion von diesen unterschiedlichen Programmen gibt.

Sofort nach der Installation will Lono ausprobieren, was er alles mit diesen Programmen machen kann. Sehr schnell entdeckt er wahnsinnig tolle Funktionen. Man kann einzelne Buchstaben hüpfen lassen, man kann Worte rotieren lassen, ganze Objekte zum Blinken bringen, und, und, und. Wow, das ist eine riesige neue Welt, die sich Lono da auftut!

Er beschließt, eine Präsentation über sich zu machen, damit er diese beim nächsten Vorstellungsgespräch für einen anderen

Praktikumsplatz verwenden kann. Als er diese fertig hat, schickt er sie seinem Freund Kimba per Lion-Mail und fragt ihn nach einem Feedback.

Kurze Zeit später klingelt auch schon sein, von Kimba besorgtes, Telefon. Sein Freund Kimba ist es auch, der gerade anruft: „Hallo Lono", sagt Kimba „danke für deine Präsentation, ich habe sie mir angeschaut und ähm, ja, was soll ich sagen …"

Lono ermutigt ihn: „Na los, einfach raus mit der Sprache, Kimba, wir kennen uns schon lange genug. Ich werde schon nicht gleich auflegen."

„Also gut", erwidert Kimba, „äh, viel zu bunt, viel zu wild und viel zu viele Animationen. Ich bin mir vorgekommen wir in Lions Vegas. Alles blinkt und blitzt und dreht sich und heieiei. Ich weiß gar nicht, wo ich hinschauen soll. Dabei geht die Botschaft verloren. Es geht um dich, es geht um das, was du kannst und vor allem geht es darum, was der Kunde von dir hat. Das kommt leider gar nicht mehr so klar zum Vorschein vor lauter Geblinke und Gedrehe. Lono, weniger ist mehr! Und auf Seite neun hast du einen kompletten Text stehen. Was hast du denn damit vor?"

„Na ja", sagt Lono, „ich habe mir gedacht, ich kann den Text ja vorlesen, dann haben die Leute zum einen die Möglichkeit mitzulesen, zum anderen können sie aber auch hören, was ich ihnen vorlese. Sie bekommen es also sozusagen auf zwei Kanälen präsentiert."

„Ah", sagt Kimba „das hat mein Verkaufstrainer ‚betreutes Lesen' genannt. Und er hat auch gesagt, dass man das auf gar keinen Fall tun sollte. Diese Präsentationsprogramme sind eine tolle Sache, wenn man sie dosiert und unterstützend einsetzt. Aber, sag mal, Lono, du hattest da doch ein Flipchart. Wäre das nicht eine spannende Idee, zu überlegen, wie man mit guten und simplen Zeichnungen das Publikum begeistern kann?"

„Ja, da hast du recht", sagt Lono. „Aber dafür muss ich wohl noch etwas zeichnen üben und schön schreiben auch. Ich habe ja eine echte Warzenschweinklaue beim Schreiben, das muss ich zugeben. Und das Schlimmste ist, dass mir während des Zeichnens am Flipchart immer wieder der Platz ausging und so fürchte ich, dass hinterher keiner mehr so wirklich verstanden hat, was ich eigentlich darstellen wollte. So langsam verstehe ich auch, was du meintest Kimba, als du sagtest, dass die Vorbereitung schon 80 % der Präsentation sind. Das fängt ja schon damit an, dass ich für die Auswahl der Hilfsmittel, die ich zum Präsentieren verwende, erst mal wissen muss, wie die Räumlichkeit aussieht, wie viele Leute da sind und was für ein Publikum vor mir sein wird. Wie viele Leute sind da und was für Leute sind es? Stell dir mal vor, du würdest mit einem Flipchart zu einer Präsentation gehen und da sind 500 Leute im Saal – das geht nur bei sehr großer Schrift oder mit Zwischenprojektion."

Kimba lacht und sagt: „Da hast du recht, Lono. Aber jetzt mach doch mal eins, nimm das ganze Lions Vegas – also, das Blinken, die Farben und diese drehenden Objekte – aus deiner Präsentation raus und konzentriere dich mehr auf den Inhalt. Überlege genau, was du wie dem Publikum sagen willst. Dann machst du die Präsentation einmal mit einem Softwareprogramm. Und danach versuchst du mal die gleiche Präsentation schön strukturiert und geordnet mithilfe eines Flipcharts zu machen. Ich glaube, eine bessere Übung kannst du nicht haben!"

„Super", sagt Lono, „das mache ich. Ich schicke dir das dann alles wieder zu, okay? Bis dann, Kimba, und schon einmal vielen Dank, tschüss!"

11

Die KIMBA-Strategie im Verkaufsgespräch

Es ist ein sonniger Sonntagnachmittag in Liontown. Kimba liegt auf der Couch in seinem kleinen Apartment. Heute will er sich etwas ausruhen und dadurch etwas Entspannung in seinen sonst ziemlich stressigen Alltag bringen. Sein Körper gibt zwar Ruhe, aber sein Hirn läuft auf Hochtouren. Die ganze Zeit muss Kimba daran denken, was er in den vergangenen Monaten erlebt und auch erreicht hat.

Er muss daran denken, wie schnell alles gegangen ist. Noch vor einem knappen Jahr hat er in einer Hausecke übernachtet. Er denkt auch daran, bei wie vielen Firmen er nach einem Job gefragt und eine Absage bekommen hat. Wenn er an all das zurückdenkt, kann Kimba kaum glauben, wie sehr sich sein Leben verändert hat. Er fängt an, darüber nachzudenken, ob das alles Zufall war, also Glück, oder ob primär er persönlich dazu beigetragen hat, dass seine Situation so positiv ist, wie sie aktuell ist. Kimba blickt sich in seinem Zimmer um. Es ist nicht sehr groß und eher schlicht, aber modern eingerichtet. Ja, Kimba fühlt sich wohl. Das stellt er in dem Moment sehr bewusst fest. Das kann ja nicht alles Zufall sein.

Da kommen ihm die Worte seiner Mutter in den Sinn: Du schaffst alles was du willst, hat sie gesagt, bedenke aber immer, dass die Grundlage für den Erfolg die harte Arbeit im Vorfeld ist. Mit diesen Worten hat Kimbas Mutter ihn in die große Stadt entlassen. Kimba grübelt weiter und bemerkt, dass die Grundlage seines Erfolges das Wissen und das Können im Bereich Verkauf sind. Da stellt sich Kimba die Frage, was er denn eigentlich genau macht, damit die Löwen ihm gerne etwas abkaufen.

Kimba muss an seinen Verkaufstrainer denken, der ihm damals sagte, dass gerade die Selbstreflexion ein wichtiger Faktor für den Erfolg ist. Und genau das will Kimba jetzt tun, sich selbst reflektieren. Also steht er auf, holt sich einen Stift und einen Zettel und fängt an, zu überlegen, was seine Kunden denn über ihn und seine Verkaufsmethoden bisher so gesagt haben.

Als Erstes kommt Kimba ein Feedback von einem Kunden in den Sinn, den er an seinem ersten Arbeitstag bedient hat. Dieser sagte ihm damals: „Es ist schön, dass Sie das ganze Gespräch so kurz gehalten haben und nicht unnötig weit ausgeholt haben." Kimba notiert sich also ‚kurz'.

Als Nächstes erinnert er sich an die Worte einer Kundin, die er im Laden bedient hat. Sie sagte: „Das war eine sehr intensive Beratung. Vielen Dank dafür!". Kimba notiert sich also ‚intensiv'.

Unweigerlich muss Kimba auch an den IT-Leiter und den Einkaufsleiter denken, vor denen er seine erste Präsentation gehalten hat. Diese verabschiedeten ihn mit den Worten: „Sie sind unglaublich motiviert, was Ihre Produkte betrifft. Das finden wir klasse." ‚Motiviert' – ein weiteres Wort, das Kimba aufschreibt.

Eine Rückmeldung von einem weiteren Kunden, über die Kimba damals sehr lange nachgedacht hat, ist, dass er sagte: „Sie gehen aber sehr bewusst mit Ihrer Stimme, Ihrer Sprache und auch Ihrem Körper um." ‚Bewusst', das ist ein Wort, das Kimba damals unheimlich lange beschäftigt hat. Aber ja, es ist inzwischen so, dass er sehr genau nachdenkt, welchen Satz er wie sagt, wie seine Stimme dabei klingen soll. Und tatsächlich hat er gelernt, dass er manchmal auch ein klein wenig den Kopf zur Seite neigen muss, um nicht bedrohlich zu wirken. Und somit hat der Kunde recht, dass er das alles inzwischen bewusst einsetzt. Also, nächstes Wort zum Notieren: ‚bewusst'.

Zum Schluss kommt Kimba noch etwas in den Sinn, was ihm tatsächlich sehr viele Kunden als Feedback geben. „Sie sind aber sehr aufmerksam", das ist ein Satz, den er von jedem zweiten Kunden hört. Als Kimba ‚aufmerksam' auf seinen Zettel schreibt, muss er unweigerlich lachen und denkt daran, dass wohl kein Löwe in der Wildnis überleben würde, wenn er nicht aufmerksam wäre. Schließlich muss man immer wissen, wo entweder Beute oder eine potentielle Gefahr lauert.

Kimba schaut noch mal auf seinen Zettel: Kurz, intensiv, motiviert, bewusst und aufmerksam steht da. Sollten diese fünf Punkte wirklich der Schlüssel zu Kimbas Erfolg sein? Darüber muss er noch einmal genau nachdenken. Nein, eigentlich will er lieber mit jemandem darüber reden. Also greift er zum Telefon und ruft seinen Kumpel Lono an.

Am anderen Ende meldet sich eine leise, verschlafene Stimme mit einem „Nja?"

„Hey, Lono, alte Schlafmütze, hier ist Kimba. Komm, wach auf, ich will was mit dir besprechen!"

„Mann, Kimba", entgegnet Lono, „du klingst ja geradezu ekelhaft wach."

„Na ja, hast du mal auf die Uhr geschaut, Lono? Es ist halb vier am Nachmittag, da kann man doch wohl mal wach sein!"

„Es ist vor allem Sonntag und ich war gestern mit Leonie auf einer Party", entgegnet Lono.

„Mit Leonie, so, so", sagt Kimba leicht verschmitzt.

„Ja, mit Leonie", knurrt Lono, „aber was wolltest du mir denn eigentlich erzählen?"

Kimba erzählt kurz, welche Gedanken er sich in den letzten Minuten gemacht hat und sagt Lono dann, welche fünf Worte auf seinem Zettel stehen: Kurz, intensiv, motiviert, bewusst und aufmerksam.

Lono fängt schallend an zu lachen, ja, er kriegt sich förmlich gar nicht mehr ein.

Das ist nicht unbedingt die Reaktion, die Kimba erwartet hat. „Hey, Lono, was ist denn daran so lustig?"

„Sag bloß, du hast es noch nicht gemerkt!", gluckst Lono. „Du hast die KIMBA-Strategie entwickelt!"

„Wie? Die Kimba-Strategie?", fragt der Löwe nach.

„Na, nimm einfach mal die Anfangsbuchstaben: Kurz, intensiv, motiviert, bewusst und aufmerksam – das ergibt Kimba!"

Na, so was, jetzt wo Lono es erwähnt, fällt es Kimba auch auf und er muss ebenfalls lachen. „Sag mal, Lono, wie könnten wir denn deine Buchstaben verwenden, also wenn es eine Abkürzung wäre?", fragt Kimba.

Lono, der inzwischen hellwach und in guter Stimmung ist, sagt: „Ach, das ist einfach: **L**ang schlafen, **o**rdentlich feiern, **n**ichts auslassen und **o**bercool sein."

Die beiden Freunde müssen unweigerlich lachen. Dann sagt Lono: „Nein, aber mal im Ernst, Kimba, ich glaube, ich werde mir da was ausdenken. Und vor allem möchte ich mal deine Kimba-Strategie mit meinem Professor besprechen. Ich versuche Herrn Ten Laien gleich morgen nach der Vorlesung zu sprechen. Ich gebe dir dann Bescheid, was er gesagt hat."

„Okay", sagt Kimba, „das interessiert mich wirklich. Bis morgen, du obercooler Löwe!" verabschiedete Kimba sich.

„Bis morgen, Mister Strategie!", antwortet Lono.

Gleich am darauffolgenden Tag geht Lono nach der Vorlesung zu seinem Professor und stellt ihm die Kimba-Strategie vor. Der Professor schmunzelt und sagt, dass er von dieser Strategie noch nie gehört habe.

„Das können Sie auch nicht", sagt Lono nicht ohne Stolz, „denn die hat mein Kumpel entwickelt!"

„So, so", sagt Professor Ten Laien, „na, dann lassen Sie mal sehen."

Lono schiebt ihm den Zettel mit den fünf Worten hin. Der Professor liest die fünf Worte, wiegt seinen Kopf leicht hin und her und sagt dann schließlich: „Ja, da ist durchaus was dran. Es macht Sinn, sich im Verkauf kurz zu halten. Kein Mensch mag um den heißen Brei herumredende Verkäufer. Gleichzeitig muss man natürlich darauf achten, alle wichtigen und notwendigen und für den Kunden relevanten Informationen zu geben – das ist vermutlich mit intensiv gemeint. Und motiviert ist klar, darüber haben wir ja bereits in der Vorlesung gesprochen. Denn wenn man sich einmal vorstellt, dass man einem Verkäufer, der nicht motiviert ist, etwas abkaufen sollte, das funktioniert nur in den seltensten Fällen. Wenn die Tonlage gleichförmig wäre, wenn er nicht wirklich mit Elan, Spaß und Freude bei der Sache wäre, dann würde dieser Verkäufer vermutlich keinen Abschluss machen. Ja, und bewusst ist natürlich auch sehr sinnvoll. Denn aus meiner Sicht ist Verkaufen ein Handwerk und da muss man sein Handwerkszeug entsprechend bewusst einsetzen. Wenn man das gezielt macht, kann man sich das Leben im Verkauf deutlich erleichtern. Morgen in der Vorlesung werden wir über Fragetechnik und Fragearten reden, eines dieser Werkzeuge, die man bewusst einsetzen kann. Ja, und aufmerksam sein, das ist natürlich für einen Verkäufer auch sehr wichtig. Denn wir haben ja zwei Ohren und nur einen Mund. Wir sollten doppelt so gut zuhören wie wir reden. Das hat sehr, sehr viel mit Aufmerksamkeit zu tun."

Der Professor gibt Lono den Zettel zurück. „Im Übrigen", fährt er fort, „kann man den Wunsch nach Aufmerksamkeit sehr gut bei den Nutzern der neue lionalen Medien erkennen. Da hat ein Verkaufstrainer vor Kurzem ein ganzes Buch drüber geschrieben. Ich glaube, das heißt irgendwie ‚GEKNACKT' oder so ähnlich, von Martin Löwenherz Sänger."

Lono stutzt, er kennt den Namen von irgendwoher, war das nicht der Trainer, von dem Kimba gesprochen hat?

„Alles in allem", unterbrechen die Worte des Professors Lonos Gedanken, „ist die Kimba-Strategie durchaus nützlich. Sie können Ihrem Freund sagen, dass es sinnvoll ist, diese Strategie weiter zu verfolgen."

12
Die richtigen Fragen richtig stellen

Lono telefoniert die halbe Nacht mit Kimba und erzählt ihm, dass sein Professor die selbst entwickelte Strategie sehr gut findet. Kimba ist darauf sehr stolz, gerade weil er eben nicht an einer Universität studiert, sondern sich alles mehr oder weniger selbst, mit ein wenig Hilfe seines Chefs und auch des Verkaufstrainers, beigebracht hat.

Lono fragt Kimba auch nach diesem Martin Löwenherz Sänger, ob das nicht sein Verkaufstrainer gewesen sei, was Kimba bejaht. Neugierig will Lono wissen, wie ein Mensch diesen Namen Löwenherz bekommen würde. Kimba muss lachen, weil er genau das seinen Coach auch gefragt hat. Deswegen kann er seinem Freund Lono auch gleich eine Antwort auf diese Frage geben.

„Das stammt aus der Zeit als der Trainer selbst noch im Außendienst als junger Verkäufer unterwegs war", erklärt Kimba. „Da hat er einmal Kaltakquise bei einem Unternehmen gemacht. Er stellt also sein Auto auf dem Parkplatz ab, geht hinein und fragt die Dame, die dort am Empfang sitzt, wer denn der Verantwortliche für den Bereich Telekommunikation sei". Die Frau am Empfang entgegnet, dass sie die Entscheiderin für den Bereich Telekommunikation ist. Auf Nachfrage meines Trainers, ob sie denn auch über die ganzen Investitionen für diesen Bereich entscheide, sagt sie Ja und fügt aber gleich hinzu, dass sie da gut ausgestattet seien, sie gar nichts bräuchten und er ruhig wieder gehen könne.

Er erlebt also einen glatten Rauswurf. Auf der Theke des Unternehmens liegt aber eine Firmenchronik und bevor mein Trainer das Unternehmen verlässt, fragt er, ob er sich so eine Firmenchronik mitnehmen dürfe. ‚Ja, ja, nehmen Sie ruhig eine mit‘, sagt die Dame am Empfang. Er nimmt sich ein Exemplar und geht nach draußen zu seinem Auto.

Dort angekommen schlägt er die erste Seite auf, wo im Normalfall immer der Geschäftsführer ein Vorwort für eine solche Chronik schreibt. Dann wählt er die Telefonnummer des Unternehmens mit einer beliebigen dreistelligen Durchwahl und fragt am anderen Ende, ob denn der Geschäftsführer zu sprechen sei. Er wird tatsächlich durchgestellt und sagt dann dem Geschäftsführer, dass er gerade mit der verantwortlichen Einkaufsleiterin für den Bereich Telekommunikation gesprochen habe und sich nur noch mal vergewissern wolle, ob denn auch wirklich kein Bedarf an Einsparmaßnahmen in diesem Bereich bestehe.

Mein Trainer erzählte mir dann, dass der Geschäftsführer sehr verwundert reagierte und meinte: „Mit wem haben Sie gerade gesprochen?‘ – ‚Mit Ihrer Einkaufsleiterin für den Bereich Telekommunikation, die sitzt gerade am Empfang‘ – ‚Wer sitzt wo?‘, fragt der Geschäftsführer und mein Trainer wiederholt das noch mal. Daraufhin fragt der Geschäftsführer: ‚Wo sind Sie denn gerade?‘ und mein Trainer antwortet wahrheitsgemäß: ‚Auf Ihrem Parkplatz‘ – ‚Ja, dann kommen Sie noch mal rein‘, sagt der Geschäftsführer zu ihm. Und als er dem Geschäftsführer dann persönlich die Hand schüttelt, begrüßt der ihn mit den Worten: ‚Sie haben ja ein echtes Löwenherz im Vertrieb.‘ Und so ist mein Trainer zu seinem Zusatznamen gekommen."

Lono muss beim Einschlafen noch an diese Geschichte denken, die ihm sein Freund Kimba gerade erzählt hat und schüttelt immer noch leicht den Kopf, wie ein Mensch so einen Beinamen verdient hat: „Löwenherz, ts, ts, ts!"

Am nächsten Tag macht sich Lono voller Elan auf in die Vorlesung von Professor Ten Laien, denn dieser hat ja angekündigt, dass sie über Fragearten und Fragetechnik reden werden. Das findet er recht spannend, denn sein Freund Kimba hat ihm gesagt, dass die richtigen Fragen zur richtigen Zeit ein ganz mächtiges Instrument im Verkauf sind. Und mächtige Instrumente interessieren Lono.

In der Vorlesung angekommen, lernt Lono, dass es viele unterschiedliche Fragearten gibt. Zum Beispiel gibt es da die sogenannten offenen Fragen. Die werden auch W-Fragen genannt, weil die Fragewörter, mit denen man eine offene Frage einleitet, mit W anfangen, also: Wer, wie, was, warum, welche und so weiter. Dem gegenüber stehen die geschlossenen Fragen. Diese erkennt man daran, dass sie so gestellt werden, dass man nur mit Ja oder Nein antworten kann. Diese Fragen erinnern Lono an ein Spiel aus seiner Kindheit. Seine Mama nannte es immer „Ich sehe was, was du nicht siehst" und man durfte nur Fragen stellen, wo man ausschließlich mit Ja oder Nein antworten konnte.

Professor Ten Laien fragt in die Runde: „Wer kann mir ein Beispiel für eine offene Frage nennen?"

Ein Kommilitone von Lono meldet sich und sagt: „Wollen Sie das jetzt kaufen?"

„Falsch", entgegnet der Professor „das ist eine geschlossene Frage."

Der Student will sich noch nicht geschlagen geben. „Aber es fängt doch mit W an", sagt er zum Professor.

Darauf entgegnet der: „Ja, aber wollen ist kein Fragewort." Der Professor fordert den Studenten auf, noch mal genau nachzudenken, was für eine Frage er gerade gestellt hat. Er gibt ihm den Hinweis zu überlegen, welche Antwort man darauf geben kann.

Da fällt dem Studenten die Lösung ein: „Oh, genau, bei ‚wollen Sie' kann ich ja mit Ja oder Nein antworten. Ich habe eine geschlossene Frage gestellt."

„Korrekt", antwortet Professor Ten Laien, „darauf müssen Sie immer ganz genau achten. Nicht alles, was mit W anfängt, ist automatisch eine offene Frage. Also noch mal, wer kann mir ein Beispiel für eine offene Frage nennen?"

Lono meldet sich und sagt: „Wie spät ist es?"

„Richtig", entgegnet der Professor, „das ist eine offene Frage. Wie kann man das denn in eine geschlossene Frage umformulieren?"

Eine Studentin meldet sich und sagt: „Können Sie mir sagen, wie spät es ist?"

„Richtig", entgegnet der Professor. „Das ist eine geschlossene Frage. Und welche der beiden Fragen führt uns schneller ans Ziel?"

Lono meldet sich wieder: „Na ja, die offene, denn da bekomme ich gleich die Uhrzeit. Bei der Frage ‚Können Sie mir sagen, wie spät es ist?' können Sie ja mit Ja antworten und dann muss ich noch mal nachfragen ‚Ja, und wie spät ist es denn nun?‘, um dann endlich auch die Zeit zu erfahren, die ich eigentlich wissen will."

„Korrekt", sagt Professor Moun Ten Laien, „kennt jemand noch eine weitere Frageart?"

„Die Alternativfrage!", ruft ein Student.

„Richtig", sagt Professor Ten Laien, „erklären Sie mir das bitte?"

„Na, ich biete mit meiner Frage meinem Gegenüber zwei Möglichkeiten an: Wollen Sie lieber das grüne oder das rote Paar Schuhe?"

„Absolut richtig", antwortet der Professor, „wo kann man diese Frageart denn besonders gut einsetzen?"

Lono meldet sich und sagt: „Zum einen in der Bedarfsermittlung, wenn man nur wissen will, ob A oder B, also wenn alle anderen Variationen keinen Sinn machen, oder auch beim Abschluss, wenn man nicht mehr darum kämpfen will, ob überhaupt der Abschluss zustande kommt, sondern nur noch wie, linksrum oder rechtsrum."

„Dem ist nichts hinzuzufügen", sagt Herr Ten Laien. „Wer kennt noch eine weitere Frageart?"

„Die Suggestivfrage", kommt es von einer Studentin. „Diese zeichnet sich dadurch aus, dass ich versuche, meine Meinung meinem Gegenüber unterzuschieben."

„Haben Sie dafür ein Beispiel?", fragt der Professor.

„Ja, wenn ich zum Beispiel zu meinem Freund sage: ‚Schatz, findest du nicht auch, dass wir diesen Film im Kino ansehen sollten?‘"

„Ja, das ist eine Suggestivfrage", antwortet der Professor. „Wie sinnvoll ist es, diese im Verkauf einzusetzen? Oder anders gefragt: Worin besteht die Gefahr?"

„Na ja, es wird schwierig, wenn der Kunde dann Nein sagt", antwortet ein Kommilitone von Lono, „denn dann geht unsere Beziehungsebene abrupt in den Keller und viele selbstbewusste

Kunden wollen sich heute keine Meinung mehr unterschieben lassen. Ich würde die eher nicht verwenden."

„Bei mir klappt das immer", knurrt die Studentin.

Professor Ten Laien schmunzelt und sagt zu der Studentin: „Ich glaube gerne, dass Ihr Freund da immer noch darauf reinfällt, aber bei vielen Kunden sollte man sehr, sehr vorsichtig damit sein und es gibt aus verkäuferischer Sicht überhaupt keinen sinnvollen Grund, eine Suggestivfrage anzuwenden."

Lono meldet sich. „Es gibt ja auch noch die Gegenfrage", sagt er. „Das ist, wenn ein Kunde beispielsweise fragt: ‚Was soll denn der ganze Spaß kosten?' Und ich als Verkäufer darauf antworte: ‚Das ist eine wichtige Frage, da kommen wir gleich drauf zurück. Zuvor ist für mich noch wichtig zu erfahren, was ist denn für Sie außer dem Preis noch kaufentscheidend?' So bringe ich den Kunden gezielt auf einen Gedankengang, den ich haben will."

„Gut, gut", sagt Professor Ten Laien, „wo haben Sie das denn her?"

„Na, man hat so seine Quellen", sagt Lono daraufhin schmunzelnd.

„Jetzt haben wir ja schon ein paar wichtige Fragearten gefunden", sagt der Professor. „Eine ist aus vertrieblicher Sicht noch sehr relevant, die sogenannte hypothetische Frage. Das bedeutet, ich mache eine Annahme für den Kunden und erfrage seine Reaktion, wenn diese Annahme eintreffen würde. Beispiel: ‚Lieber Kunde, mal angenommen wir könnten Ihnen heute mit dem Preis noch ein klein wenig entgegenkommen, wären Sie dann auch bereit, gleich heute den Vertrag mit uns zu schließen?' Mit dieser Frage können wir wunderbar erkennen, wie ernsthaft das Interesse unserer Kunden ist. Wichtig ist dabei nur, dass wir natürlich das, was wir in Aussicht stellen, dann auch realisieren können. Alles andere wäre nicht so schlau. Denn wenn ich den Kunden frage: ‚Lieber Kunde, mal angenommen wir könnten das für Sie noch realisieren, würden Sie dann noch heute kaufen?'

Stellen Sie sich vor, er bejaht und Sie könnten nicht liefern. Das ist verkäuferisch natürlich äußerst unklug."

Die Studenten lachen und klopfen anerkennend auf ihre Tische.

Lono denkt sich, das sind sicherlich alles Informationen, die auch für meinen Freund Kimba interessant sind und setzt sich, zurück in seinem Studentenapartment, sofort daran, eine Lion-Mail zu verfassen. „Hallo Kimba", schreibt er, „ich schicke dir einfach mal meine Mitschrift von der heutigen Vorlesung, die ich bei Professor Ten Laien hatte. Es sind nicht alle Fragearten dabei, aber die wichtigsten, die man im Vertrieb brauchen kann, sagt er. Mach was draus, Kumpel, bis später, tschüss!" Lono drückt auf ‚Senden' und findet, er hat sich jetzt erst mal ein Löwenbräu verdient.

13
Echte Löwen lernen vom Luchs

Als Lono am nächsten Tag in seinem Computer nach neuen Lion-Mails schaut, entdeckt er dort eine Nachricht von dem Chef der Firma, bei der er sein Praktikum angetreten hat. Neugierig öffnet Lono die Lion-Mail und liest dort: „Hallo Praktikant!" Lono muss schmunzeln, weil er sich inzwischen an diese Anrede von seinem Chef gewöhnt hat. Er liest weiter: „Wenn Sie mir versprechen, dass Sie die Ohren spitzen wie ein Luchs und richtig gut zuhören und keinen Blödsinn machen, dann würde ich Sie am kommenden Wochenende mit zu einem Kongress nehmen. Sagen Sie mir kurz Bescheid. Die Eintrittskarte ist zu teuer, um sie einfach so verfallen zu lassen."

Lono findet das aufregend und muss nicht lange darüber nachdenken. Er schreibt zurück: „Hallo Chef, sehr gerne komme ich mit. Ich bin dann am Freitag pünktlich zur Abfahrt in der Firma. Gruß, Lono"

Natürlich muss Lono diese Neuigkeit gleich seinem Freund Kimba schreiben. Der scheint gerade am Computer zu sitzen, denn es kommt umgehend eine Antwort: „Viel Spaß, alter Freund, und ruf mich unbedingt nach deiner Rückkehr an. Ich bin schon ganz neugierig, was du dort lernen wirst."

Kaum ist Lono am Sonntagabend von dem Kongress zurückgekehrt, kommt er dem Wunsch seines Freundes nach und ruft ihn sofort an. „Hallo Kimba", sprudelt Lono noch ganz aufgeregt los, „also, das war ja toll, so ein richtiger Kongress in einem großen Kongresszentrum. Unglaublich, was es da alles gibt und ganz viele Vorträge konnte ich mir anhören. Manche davon waren ziemlich langweilig, aber andere waren richtig spannend. Da war zum Beispiel ein Redner, der hat mit uns allen ein Experiment gemacht, ein Experiment zum Thema Zuhören. Und, ob du es glaubst oder nicht, 98 % der Zuhörer im Saal sind bei diesem

Experiment durchgefallen. Ich auch, dabei habe ich bis dahin immer gedacht, Zuhören sei so einfach."

Kimba lacht kurz und entgegnet: „Oh nein, Zuhören ist ganz schön schwierig. Das musste ich in den vergangenen Monaten auch hart lernen. Ich habe manchmal einfach Dinge überhört, die der Kunde mir schon gesagt hat. Es ist einfach peinlich, wenn der Satz kommt: ‚Sie haben mir nicht richtig zugehört!'"

„Ja, das stimmt, den Satz will keiner hören", entgegnet Lono, „aber das Gute ist, Kimba, Zuhören kann man lernen. Das habe ich an dem Abend noch erfahren, als ich dann alleine in der Hotelbar an einem Tisch saß. Mein Chef hatte nämlich noch ein Meeting und konnte mich dahin nicht mitnehmen oder er wollte nicht, ich weiß es nicht so genau. Jedenfalls saß ich alleine im Bereich der Hotelbar an einem Tisch und habe noch was getrunken. An der Theke saßen drei Löwenmänner, die viel Spaß miteinander hatten. Da hat sich einer von den dreien zu mir umgedreht, hat mich etwas mitleidig angeschaut und gesagt: ‚Mensch, das macht doch auch keinen Spaß, so alleine, Löwe, komm doch zu uns, setz dich dazu. Ich kann das gar nicht mit anschauen.' Das sind ganz schön nette Löwen auf so einem Kongress. Ich habe mich dann dazugesetzt und erfahren, dass die drei eine gemeinsame Firma haben. Und weißt du, was die machen? Die machen Simultanübersetzungen von medizinischen Fachkongressen. Unglaublich, oder? Die haben alle drei Medizin studiert und dann noch den Dolmetscher gemacht. Ich habe die dann natürlich auch gleich gefragt, wer von den dreien welche Sprache übersetzt. Da haben sie gelacht und gesagt: ‚Wir übersetzen alle nur ausschließlich vom Englischen ins Deutsche.' Du kannst dir vorstellen, wie doof ich geschaut habe. Wenn alle die gleiche Sprache übersetzen, braucht man doch keine drei Löwen. Das habe ich dann auch gesagt. Dann haben die mir erklärt – das kannst du dir gar nicht vorstellen, Kimba – die haben mir erklärt, dass sie eine halbe Stunde übersetzen und dann eine Stunde Pause machen. Das sind Arbeitszeiten, was?"

Kimba lacht kurz auf und sagt: „Cool, brauchen die noch jemanden?"

Lono lacht ebenfalls und sagt: „Ja, das habe ich mir auch sofort gedacht. Dann haben die mir aber erklärt, dass es von der Konzentration her so wahnsinnig schwierig ist, dass sie quasi nicht mehr als 30 min am Stück übersetzen können. Und ehrlich gesagt, nach diesem Zuhörexperiment, das ich ja auch falsch gemacht habe, kann ich mir das vorstellen. Denn alleine das konzentrierte Zuhören ist schon eine richtige Kunst. Und wenn man dann überlegt, dass die gleichzeitig auch noch eine andere Sprache sprechen als sie hören, Wahnsinn oder? Ich belege ja gerade einen Englischkurs an der Uni und ich finde es schon schwer genug, zwei Sprachen hintereinander zu sprechen. Aber gleichzeitig? Wahnsinn! Ist aber alles eine Konzentrationsfrage."

Kimba überlegt kurz und sagt dann: „Ja, das ist nicht einfach. Wenn ich drüber nachdenke, sobald ein Kunde unseren Laden betritt und mir sagt, was er sich wünscht oder vorstellt oder was er für ein Problem hat, das es zu lösen gilt, dann fange ich ja automatisch an, darüber nachzudenken. Gleichzeitig redet der Kunde aber weiter. Und da ist es schon sehr, sehr schwer, alles zu hören, was der Kunde dann noch sagt. Ich bin dann meist schon so in meinen Gedanken gefangen, dass ich überlege, was ich ihm anbieten kann, welcher Hersteller der Richtige dafür ist, was er vielleicht für einen Tarif braucht und so weiter. Und während ich das denke, bekomme ich oftmals nicht mit, was der Kunde dann sagt."

„Ja, genau", bestätigt Lono, „das ist das, was der Referent mit dem Experiment auch klar machen wollte. Wenn unser Hirn arbeitet, ist es wahnsinnig schwer, weiterhin konzentriert zuzuhören."

Kimba kommt ins Sinnieren. Nachdenklich sagt er: „Je mehr ich drüber nachdenke, desto mehr komme ich zu dem Entschluss, dass Zuhören schon fast das Wichtigste überhaupt ist, im

Verkauf. Habe ich dir die Geschichte erzählt, wie ich mir meinen Koffer kaufen wollte?"

„Nein", sagt Lono, „schieß los!"

„Also, als ich das erste Mal geschäftlich verreisen musste, habe ich bemerkt, dass ich überhaupt keinen Koffer habe. Da ging ich natürlich in ein Koffergeschäft und sagte ganz gezielt zu der Verkäuferin: ‚Ich suche einen Koffer, in den so viel reinpasst, dass ich vier Tage am Stück unterwegs sein kann.' Die Verkäuferin sagte mir: ‚Ja, da haben wir einiges, kommen Sie mal mit' und zeigte mir ein Koffermodell. Als ich diesen Koffer aufmachte und etwas skeptisch schaute, sagte sie zu mir: ‚Damit können Sie locker übers Wochenende wegfahren.' Dabei hatte ich ihr eine Minute vorher gesagt, dass ich vier Tage verreisen muss. Das ist deutlich mehr als ein Wochenende. Die hat mir einfach nicht zugehört. Und als ich ihr dann sagte, dass der wohl etwas zu klein ist, hat sie wohl keine Lust mehr gehabt und hat mir gesagt: ‚Na ja, da hinten stehen noch einige Koffer in unserer Sonderangebots-Ecke. Vielleicht finden Sie da ja was.'"

„Kimba?", unterbricht ihn Lono. „Die hatte keine Lust, dir was zu verkaufen."

„Ja, alter Freund, so ähnlich habe ich das auch empfunden. Und weil sie mir nicht zugehört hat, kam es mir auch so vor, als ob sie überhaupt kein Interesse an mir hätte."

„Umso wichtiger ist es", sagt Lono, „dass dir das nicht passiert, Kimba!"

„Genau, so ist es. Das ist auch der Grund, weswegen ich im Vorfeld einer Kundenpräsentation bereits am Telefon ganz viele Fragen stelle und ganz viele Notizen mache. Übrigens, danke für dein Skript, das ist wirklich sehr hilfreich. Diese hypothetische Frage kannte ich noch gar nicht."

„Äh, was kanntest du noch nicht?"

„Na, die hypothetische Frage aus deinem Skript, von der Vorlesung mit den Fragestellungen und Fragearten."

„Oh die, ja klar, gerne, also danke, also …" Lono ist etwas verwirrt.

Kimba fragt nach: „Was ist denn los?"

„Entschuldigung, ich habe nebenher gerade eine Lion-Mail gelesen."

Kimba muss laut lachen: „Lono, über was haben wir gerade die ganze Zeit geredet? Über das gute Zuhören und die Tatsache, wie schwierig es ist, wenn man nebenher etwas anderes macht, etwas liest oder auch nur denkt – und schwups gehst du her und beweist das Ganze noch mal!"

„Mensch, Kimba, du hast recht. Ich denke, ich habe dir zugehört, habe aber nebenher auf die Lion-Mail geschaut. Beides geht wohl wirklich nicht. Natürlich habe ich das nur gemacht, um unsere Aussagen nochmals empirisch zu verifizieren."

„Wen willst du infizieren?", fragt Kimba.

„Nein, empirisch verifizieren, also, ähm, quasi, um es noch mal wissenschaftlich zu beweisen."

„Ja, ja", entgegnet Kimba, „alter Freund, rede dich jetzt nicht raus. Du warst unaufmerksam und konntest deswegen nicht hören, was ich dir gesagt habe. Besser gesagt, du konntest nicht verstehen, was ich dir gesagt habe. Das ist genau das Gleiche, wie wenn man sich im Auto angeregt unterhält und sich dann verfährt. Man kann sich nicht angeregt unterhalten und gleichzeitig noch genau darauf achten, wo man hinfahren muss. Also ich glaube, das mit der Multitasking-Fähigkeit ist schlichtweg gelogen!"

„Und weißt du, was ich auch nicht gleichzeitig kann, Kimba?", fragt Lono.

„Nein, was denn?"

„Schlafen und Telefonieren. Und deswegen schmeiße ich dich jetzt aus der Leitung und gehe ins Bett. Gute Nacht, Kumpel!"

„Alles klar. Gute Nacht, Lono!", antwortet Kimba.

14

Fakten, Fakten, Fakten – aber nicht an den Kunden gedacht

Wie fast an jedem Tag kommt Kimba auch heute gut gelaunt zur Arbeit. Als er den Laden betritt, kommt sein Chef gleich auf ihn zu und sagt: „Kimba, gut dass du kommst. Ich habe eine Frage. Hast du Lust auf ein Abenteuer?"

„Abenteuer hört sich immer gut an, Chef", sagt Kimba. „Worum geht's denn?"

Sein Chef schaut ihn an und meint dann: „Ein guter Freund von mir hat ein neues Geschäft eröffnet. Also genauer gesagt, er ist eingestiegen in den Verkauf von Wohnmobilen und dieser Freund will jetzt zum ersten Mal zur größten Wohnmobilmesse – und die ist in Leutschland."

„In Leutschland?", erwidert Kimba ungläubig.

„Na ja, es ist zumindest die größte, die mein Bekannter kennt. Vielleicht gibt es irgendwo da auf der Welt noch größere, aber die ist schon wirklich toll, diese Messe."

„Schön. Und was habe ich damit zu tun?", fragt Kimba.

Sein Chef meint daraufhin: „Na ja, du weißt ja, bei uns ist es im August immer etwas ruhiger und mein Bekannter hat mich gefragt, ob ich nicht gute Verkäufer kenne. Na, und da bist du mir eingefallen. Hast du Lust, auf der Messe zu arbeiten und Wohnmobile zu verkaufen?"

Leutschland, Messe, Wohnmobile – Kimba ist erst mal etwas durcheinander. Trotzdem antwortet er: „Aber ja, grundsätzlich kann ich mir das vorstellen, Chef."

„Sehr gut, weißt du denn noch einen zweiten Verkäufer? Die haben noch nicht genügend in ihrem Team."

„Na klar!", kommt es wie aus der Pistole geschossen von Kimba. „Mein Freund Lono studiert das sogar in Leorobi, den kann ich mal fragen."

„Prima, dann sag deinem Freund Lono Bescheid und frage ihn, wann er mal hierher zu uns nach Liontown kommen kann. Ich rufe gleich mal meinen Bekannten an und sage ihm, dass ich zwei Verkäufer für ihn habe."

Schon ein paar Tage später landet Lono in Liontown. Kimba hat es sich natürlich nicht nehmen lassen, zum Flughafen zu fahren, um seinen alten Freund abzuholen. Sie haben sich knapp eineinhalb Jahre nicht mehr gesehen und freuen sich beide schon wahnsinnig auf das Wiedersehen. Entsprechend herzlich ist die Begrüßung. Die beiden Löwen tollen fast wie in Kindertagen über den Flughafen und fangen sofort an, sich gegenseitig zu necken. Als sie in den kleinen Bus einsteigen, mit dem Kimba zum Flughafen gekommen ist, sagt Kimba zu seinem Freund Lono: „Ich habe eine Überraschung für dich, wir lernen heute bereits den Freund von meinem Chef kennen und dann können wir alle Details für die Messe in Leutschland besprechen."

„Na, du bist ja einer von der ganz schnellen Truppe!", antwortet Lono und freut sich.

Einige Autominuten später sind sie auch schon angekommen. Kimbas Chef hat das Treffen arrangiert und wartet bereits vor dem Hotel, in dem sein Freund abgestiegen ist, auf die beiden Löwen. Zu dritt gehen sie in die Lobby und staunen nicht schlecht, als der Chef seinen alten Freund begrüßt.

Es ist ein Gänserich. Die kleine gedrungene Gestalt mit ein paar Pfunden zu viel auf den Rippen kommt nach der Begrüßung seines alten Freundes auf die beiden jungen Löwen zu und stellt sich vor: „Hallo, Gänserich ist mein Name, Tom Gänserich. Ihr seid also die besten Verkäufer, die mein Freund auftreiben konnte." Dabei blickt er die beiden Löwen scharf an.

„Ja", sagt Kimba selbstbewusst und „Ja, klar", fügt Lono noch schnell an.

„Na dann", erwidert Tom Gänserich, „ich habe ja eh keine Wahl. Ich habe für jeden von euch eine Tüte, da sind alle Prospekte drin von allen Reisemobilmodellen, die wir verkaufen. Ich erwarte von euch, dass ihr die ganzen Daten im Kopf habt, wenn wir in vier Tagen nach Leutschland losfliegen. Und jetzt, los geht's, ihr müsst lernen und ich gehe mit meinem alten Freund an die Bar. Wir sehen uns in vier Tagen am Flughafen!"

Lono und Kimba blicken sich verdutzt an. „Ähm, das war es dann wohl schon?"

„Ja, los, raus mit euch", sagt Tom Gänserich.

„Okay", stimmen die beiden Löwen zu und sind gar nicht böse darüber, den Abend zu zweit verbringen zu können.

Fünf Tage später finden sich die beiden Löwen tatsächlich in Leutschland auf einem großen Messegelände wieder. Keiner der beiden Löwen ist zuvor jemals im Ausland gewesen. Alles sieht irgendwie fremd aus und es riecht auch fremd. Sie haben gar keine Zeit, sich richtig umzuschauen, weil sie natürlich den Job des Wohnmobilverkaufs sehr ernst nehmen und sich tatsächlich mit Hilfe der Unterlagen gut vorbereitet haben.

Als die beiden Löwen schließlich den Messestand gefunden haben, kommt auch schon Tom Gänserich auf sie zu und sagt: „Gut, dass ihr schon da seid, dann kann ich euch noch ein bisschen abhören. Denn morgen kommen die ersten Besucher und da ist es wichtig, dass ihr die ganzen Daten auch wirklich kennt und wisst, welches Wohnmobil was kann."

Lono und Kimba sind gut vorbereitet und haben somit keinerlei Bedenken. Sie erzählen Tom Gänserich etwas von Breitspurfahrwerken, GFK-Außenhaut, von verschiedenen Grundrissen, von elektrischen Hubbetten, und, und, und.

Tom ist sichtlich zufrieden und sagt: „Okay, ihr beiden habts drauf. Aber morgen, wenn die Kunden da sind, bitte immer daran denken, auch eine Vorteil-Nutzen-Argumentation zu machen."

Kimba zieht die rechte Augenbraue hoch und sagt zu Lono: „Mensch, das hätten wir ja beinahe vergessen. Wir haben die Merkmale, also die Ausstattung und die technischen Daten, ja schon gut drauf. Aber, was hat eigentlich der Kunde davon?"

Lono erwidert: „Richtig, das hatten wir kürzlich in einer Vorlesung. Da hat Professor Ten Laien ein ganzes Modell dazu aufgezeigt. Warte mal kurz, ich erinnere mich gleich. Ja, jetzt hab ichs. Der Professor sagte, man muss aus jedem Merkmal mit einer tollen Überleitung immer den Vorteil und den Nutzen für den Kunden darstellen."

Kimba stutzt kurz und sagt: „Mmh, was ist damit genau gemeint? Ich habe meinen Kunden bisher einfach immer erzählt, was sie davon haben."

„Ja, ja, das ist auch richtig", bekräftigt ihn Lono, „aber das Merkmal ist ja klar und die Überleitung, da sagt unser Professor, die soll immer eine direkte Ansprache des Kunden enthalten. Also zum Beispiel ‚für Sie' oder ‚bei Ihnen', und dann idealerweise noch ein Wort, bei dem die Kunden gerne zuhören. Also ein Wort, das neugierig macht und Aufmerksamkeit erregt. Also zum Beispiel ‚das bedeutet für Sie', ‚das hat für Sie den Vorteil', ‚das ermöglicht Ihnen', ‚garantiert Ihnen', ‚erleichtert Ihnen', ‚sichert Ihnen' – all solche Dinge sind tolle Überleitungen, damit der Kunde auch wirklich die Ohren spitzt. Also müssen wir den Kunden morgen sagen: ‚Die GFK-Außenhaut ermöglicht es Ihnen, einen Rabatt bei der Versicherung zu bekommen, da das Material unempfindlich gegen Hagelschäden ist und somit sparen Sie auch noch eine ganze Menge Geld, wenn Sie sich für dieses Modell entscheiden.'"

Kimba ist verblüfft, wie geschliffen sein Freund Lono auf einmal formulieren kann. Er muss sich selbst eingestehen, dass er in ihm bislang vor allem den faulen Theoretiker gesehen hat. Aber jetzt, wo er mal zeigt, was er rhetorisch drauf hat, mein lieber Schwan, denkt sich Kimba. „Nicht schlecht, Lono", sagt Kimba. „Was hältst du davon, wenn wir uns jetzt zusammensetzen und uns eine kleine Tabelle machen, bei der wir links die Merkmale aufschreiben, in der Mitte Überleitungen, die passen könnten, und rechts den Vorteil und den Nutzen für unsere Kunden?"

„Das ist eine großartige Idee!", antwortet Lono. „Lass uns gleich loslegen."

Schon kurze Zeit später haben die beiden Freunde eine lange Tabelle mit dutzenden Merkmalen und den entsprechenden Vorteilen und Nutzen für den Kunden angefertigt.

Als die beiden Freunde sich noch mal das Ergebnis ihrer Arbeit anschauen, sagt Lono zu Kimba: „Sag mal, Kimba, warum ist das denn eigentlich so wichtig, dass wir hier immer die Vorteile und die Nutzen für unseren Kunden herausstellen?"

„Das kann ich dir sagen, Lono", meint Kimba daraufhin, „das habe ich in dem Verkaufstraining bei Löwenherz gelernt. Es ist nämlich so, dass untersucht wurde, auf welche Weise sich Kunden entscheiden. Dabei kam die sogenannte Eisbergtheorie heraus, die besagt, dass Kunden sich zu sechs Siebteln emotional, also aus dem Bauch heraus, entscheiden, und nur zu einem Siebtel rational, also vom Verstand her getrieben. Und was wir mit der Nutzen-Argumentation machen, ist nichts anderes, als dass wir die harten Fakten, also die Merkmale, die eher für den Verstand sind, übersetzen in etwas Emotionales – also dahin übersetzen, wo die Kaufentscheidung dann auch getroffen wird."

Lono überlegt kurz und sagt dann: „Wenn aber doch die ganze Kaufentscheidung emotional getroffen wird, wozu braucht man denn dann noch das Rationale?"

„Die Kunden brauchen immer eine sachliche, also eine rationale, Rechtfertigung für ihre emotional getroffene Entscheidung. Das heißt, die Kunden wollen vor sich selbst und vor anderen immer vernünftig erklären können, warum sie diese Entscheidung genauso getroffen haben. Das habe ich einmal ganz deutlich bei meinem Arbeitskollegen bemerkt. Ich habe den einmal besucht und gesehen, dass er ein neues Motorrad vor der Tür stehen hat. Als ich dann klingelte und er die Tür öffnete, habe ich ihn natürlich gleich darauf angesprochen und gesagt: ‚Na, hast du ein neues Motorrad?‘ Und als er Ja sagte, habe ich geantwortet: ‚Wow, da musst du ja richtig gut verdienen!‘ Und weißt du, was dann passiert ist, Lono? Er fing an, sich zu rechtfertigen. Er sagte dann: ‚Ich? Gut verdienen? Um Gottes Willen, nein. Aber das neue Motorrad, da ist der Sitz 20 Zentimeter tiefer. Da kann auch meine Frau damit fahren, weil die mit den Füßen jetzt auf den Boden kommt. Und hast du schon mal probiert, mit einem Auto in Liontown einen Parkplatz zu bekommen? Das ist ein Ding der Unmöglichkeit, da braucht man schon zwei Räder und keine vier, dass man da noch parken kann. Ach, und bei den ganzen Staus, die hier sind, kommst du ja auch nur noch mit einem Motorrad voran. Und viel sicherer ist es auch noch, weil es ein Antiblockiersystem hat.‘“

Lono schaut Kimba kritisch an und meint: „Na ja, aber das sind doch vernünftige Gründe, ein Motorrad zu kaufen.“

„Ja, schon“, sagt Kimba, „aber die eigentlichen Gründe für dieses Motorrad waren ja ganz andere.“

„Ach ja? Welche denn?“

Kimba erzählt weiter: „Na ja, ich wollte ja meinen Kollegen ein klein wenig ärgern und habe erwidert: ‚Ja, deine Gründe klingen gut, aber da hätte es doch ein kleiner Roller mit 50 Kubik auch getan. Da brauchst du wahrscheinlich kein Motorrad mit 169 PS.‘ Daraufhin gab mir mein Kollege den Helm und den Schlüssel des Motorrads und hat gesagt: ‚Du wirst es sofort verstehen, wenn du eine Runde gefahren bist!‘ Und als ich nach der kleinen Probefahrt wiederkam, da kamen auch die wahren Beweggründe, dieses Motorrad zu kaufen, ans Licht. Ich wurde nicht zur niedrigen Sitzposition oder Parkplätzen oder Antiblockiersystem gefragt. Er fragte mich: ‚Und? Wie findest du die Beschleunigung? Und die Kurvenlage? Und …?' Weiter musste mein Kollege ja gar nicht sprechen. Ich sah das Leuchten in seinen Augen und habe feststellen können, dass das alles emotionale Gründe waren, dieses Motorrad zu kaufen, aber er fing natürlich sofort an, das rational mir gegenüber zu rechtfertigen."

Lono lacht und sagt: „Lustig, und das obwohl er doch selber im Vertrieb arbeitet und wahrscheinlich auch diese Eisbergtheorie kennen sollte!"

„Ja", schmunzelt Kimba, „die kennt er ganz sicher. Aber das steckt einfach tief in uns drin. Und deswegen müssen wir morgen darauf achten, mit dem Kunden emotional zu arbeiten, ihm seine Vorteile und seinen Nutzen aufzuzeigen und ihm dann aber auch die rationalen Gründe zu geben, warum es eine gute und vernünftige Entscheidung ist, dieses Wohnmobil zu kaufen. Und weißt du was, Lono? Mit dieser Taktik stecken wir die anderen Verkäufer locker in die Tasche."

Die beiden Freunde geben sich High-five mit ihren Vorderpfoten und beschließen, früh ins Bett zu gehen, um am nächsten Tag auch wirklich fit zu sein.

15

Einwände oder Vorwände? Ein Löwe kommt mit beidem klar

Ziemlich erschöpft sitzen Kimba und Lono am Abend nach dem ersten Messetag an der Hotelbar. Eigentlich haben sich die beiden vorgenommen, noch etwas außerhalb des Hotels zu unternehmen, um auch etwas von Leutschland zu sehen. Aber sie müssen sich eingestehen, dass sie da wohl den Trubel auf der Messe unterschätzt haben. Denn beide haben nicht mehr den Hauch von Elan, um wirklich noch etwas zu erleben. So sitzen sie nun da und trinken ein Löwenbräu – und wie sie vom Barkeeper erfahren, ist das ja sogar leutsches Bier. Über die Herkunft ihres Lieblingsbieres haben sich die beiden bis dahin noch gar keine Gedanken gemacht.

„Du, Kimba", sagt Lono nach einer Weile, „sind die Kunden eigentlich immer so wehrhaft?"

Kimba blickt seinen Freund an und fragt: „Was genau meinst du denn mit wehrhaft?"

„Na ja, das meiste läuft ja wirklich gut. Die Kunden, die kommen sind entspannt, man kann toll mit ihnen reden über Urlaube, die sie schon gemacht haben oder noch machen wollen, viele haben auch schon Ahnung von dem Reisemobil, das sie kaufen wollen oder jetzt schon haben. Aber wenn es ernst wird, wenn es darum geht, den Vertrag zu unterschreiben, dann haben die alle immer tausend Ausreden und wollen nicht und wehren sich. Das meine ich mit wehrhaft."

Kimba schmunzelt und muss an seine ersten Erlebnisse im Vertrieb denken. Dann ermutigt er seinen Freund: „Mach dir nichts draus, das ist völlig normal. Mir ging es früher ganz genauso, dass ich mich immer gefragt habe: ‚Meine Güte, warum will der Kunde denn jetzt nicht kaufen?‘ Aber entspann dich, alter Freund, das meiste sind Ausreden, also Vorwände und keine echten Einwände."

„Was ist denn da der Unterschied?", fragt Lono.

„Oh, der Unterschied ist wichtig", antwortet Kimba. „Ein Vorwand ist nur eine vorgeschobene Ausrede, mehr oder weniger. Und bei einem Einwand ist es so, dass der Kunde tatsächlich auf der sachlichen Ebene noch etwas hinterfragen möchte."

Vorwand, Einwand, sachliche Bedenken, Ausrede – Lono schwirrt der Kopf und er ist einfach zu k.o., um sich darüber noch Gedanken zu machen. „Sag mal Kimba", fragt er dann, „kannst du mir morgen dann noch ein bisschen mehr dazu verraten, bevor die Messe wieder ihre Tore öffnet?"

„Klar", sagt Kimba, „lass uns austrinken und schlafen gehen. Es war ein harter Tag."

Als sich die beiden Freunde am nächsten Morgen beim Frühstück treffen, sprudelt Lono sofort los: „Mensch Kimba, ich weiß jetzt, was du gemeint hast. Ich habe mich erinnert, dass ich sogar selber schon mal Vorwände benutzt habe."

„Ach ja?", sagt Kimba. „Schieß los!"

„Na ja", sagt Lono, „vor ein paar Monaten hatten ein paar Kommilitonen mal die Idee, wir könnten ja mal abends ordentlich in Leorobi feiern gehen. Also, wir feiern ja selten, aber…."

„Ja, ja", lacht Kimba, „lass die Erklärungen weg und erzähl mir einfach den Teil, wo es um das Thema Vorwände und Einwände geht."

„Na gut", erwidert Lono, „wir sind also losgezogen nach Leorobi und sind so von einer Kneipe in die andere gezogen und irgendwann sind wir dann in einem, na ja, ich schäme mich ein bisschen das zu sagen, aber wir sind in einem Rotlichtviertel gelandet. Und da waren so hübsche Löwinnen die, na ja, also, wie soll ich sagen, so gewisse Dienste angeboten haben."

Kimba schmunzelt und sagt: „Ich weiß, was du meinst, erzähl weiter."

„Na ja, und eine von denen hat mich angesprochen und ich habe geantwortet: ‚Hm, nein, ich habe gar keine Zeit.' Und darauf hat die erwidert: ‚Du sollst mich ja auch nicht heiraten.' Dann habe ich gesagt: ‚Ich habe auch kein Geld.' Darauf meinte die Dame: ‚Das ist kein Problem. Auf dem Weg zu mir ist ein Geldautomat und eine EC-Karte hast du ja dabei.' Dann sagte ich, dass ich den Anschluss an meine Freunde nicht verlieren darf, weil ich mich nicht auskenne. Und sie entgegnete: ‚Hm, ich zeige dir schon wo es lang geht.' Egal, was ich gesagt habe, die wusste immer eine Antwort. Und dann auch noch eine gute."

Kimba grinst und sagt: „Na ja, vielleicht haben die auch einen Trainer, der ihnen alles beibringt. Aber wie bist du denn aus der Nummer wieder rausgekommen, Lono?"

„Na ja, du hast mir ja mal den Tipp gegeben: Wenn man in einem Gespräch die Richtung lenken möchte, funktioniert das oftmals mit einer Gegenfrage und daran habe ich mich Gott sei Dank erinnert. Ich habe dann also gefragt: ‚Sag mal, wie wird man dich eigentlich los?' Woraufhin sie stutze, mich anschaute und sagte: ‚Na ja, da musst du schon so was wie ‚hau ab' oder ‚verzieh dich' sagen.' Und du weißt, Kimba, für so was bin ich zu gut erzogen. Ich fragte die Dame aber dann: ‚Sag mal, du hast doch wirklich auf alles eine Antwort, woher kommt denn das?' Da nahm die mich in den Arm, lächelte und sagte: ‚Weißt du, Schätzchen, so kreativ seid ihr Männer nicht.'"

Kimba lacht, spielt empört und sagt: „Was? Wir sind sehr kreativ, wir Männer, vor allem wir Löwenmänner. Lono, aber warum bist du auf diese Geschichte gekommen beim Thema Einwände und Vorwände?"

„Na, ganz einfach, Kimba, alles was ich gesagt habe, waren Vorwände. Der wahre Grund ist, dass ich so was einfach nicht machen möchte, ich wollte das einfach nicht, aber das konnte ich irgendwie nicht sagen, also habe ich Ausreden gesucht, irgendwelche Dinge, von denen ich dachte, die klingen plausibel oder man würde sie besser verstehen, als wenn ich einfach nur sage, dass ich nicht will."

„Ja, das stimmt, du hast lauter Vorwände benutzt. Genau das gleiche machen die Kunden auf der Messe ja auch. Was hältst du davon, wenn wir auch hier die häufigsten Einwände oder Vorwände zusammentragen und uns gute Antworten darauf überlegen?", schlägt Kimba vor.

„Das ist eine tolle Idee", sagt Lono. „Der Bruder von einem Kommilitonen arbeitet in einem Möbelhaus und die machen das auch regelmäßig. Die setzen sich zusammen und erzählen sich gegenseitig, was so die häufigsten Vorwände der Kunden sind. Im

Möbelhandel möchten die Kunden gerne noch mal nachmessen oder eine Nacht drüber schlafen oder sich das in Ruhe noch mal zu Hause überlegen. Und dann denken alle Verkäufer über eine sehr gute Antwort auf diesen Vorwand nach."

Plötzlich hellt sich Lonos Gesicht auf. „Ach, da fällt mir ein", fährt Lono fort, „Kimba, hast du schon mal was von der sogenannten Ja-Straße gehört?"

„Ja, das habe ich", entgegnet Kimba, „eine gute Methode, um ganz zum Schluss noch mal eine kleine Zusammenfassung zu machen und gleichzeitig einen Einwand von einem Vorwand zu unterscheiden."

Lono schaut neugierig. „Erzähl mal, wie geht das?", fordert er seinen Kumpel auf.

„Relativ einfach, wenn du mit dem Kunden schon das meiste im Verkaufsgespräch besprochen hast, die Bedarfsermittlung

und die Vorteil-Nutzen-Argumentation – alles, was wir miteinander auch schon durchgesprochen haben – und jetzt kommt
vom Kunden der Einwand, dass er eine Nacht darüber schlafen
muss, dass er noch eine Runde über die Messe gehen will, dass
er erst noch seinen Carport ausmessen muss oder dass er das
Wohnmobil erst in einem Jahr braucht, oder, oder, oder. Dann
gehst du einfach her und sagst: ‚Okay alles klar, das kann ich gut
verstehen.‘ Verständnis ist hier übrigens wichtig, damit du nicht
auf Konfrontation gehst. Also, du sagst: ‚Jawohl, das kann ich
gut verstehen, dann lassen Sie uns doch schauen, was wir bisher
schon gefunden haben, beziehungsweise, ob wir sonst alles be-
dacht haben.‘ Und dann gehst du einfach her und zählst noch
einmal die Dinge auf, die du mit dem Kunden bereits besprochen
hast: ‚Lieber Kunde, das Wohnmobil vom Grundriss her, also die
Aufteilung, wo welche Betten sind, wie die Dinette ist und so
weiter, das gefällt Ihnen aber, oder?‘ Und ganz wichtig ist es hier,
den Kunden jetzt auch wirklich Ja sagen zu lassen. Sei nicht zu
schnell, gib ihm die Zeit. So, dann machst du weiter. ‚Die Moto-
risierung, da hatten Sie sich für den starken Motor entschieden,
was ja Sinn macht, oder?‘ Dann sagt der Kunde wieder Ja. Und so
machst du weiter und gehst alles durch: ‚Das Breitspurfahrwerk
ist sehr, sehr sinnvoll wegen der Seitenwindempfindlichkeit‘ –
und, und, und. Und ganz zum Schluss nimmst du den Einwand
noch mal auf, den der Kunde gebracht hat. Also zum Beispiel: ‚Es
passt alles, Sie wollen wirklich nur noch mal eine Runde über die
Messe gehen?‘ Und auch da wird er Ja sagen. Und dann kommt
das Spannende, dann bietest du ihm dafür eine Lösung an. Also
zum Beispiel sagst du dann: ‚Na prima, wenn dann alles soweit
passt, dann machen wir den Auftrag jetzt auch fertig und Sie
können dann im Anschluss noch mal ganz in Ruhe über die Messe gehen. Und sollten Sie tatsächlich ein Wohnmobil finden, das
Ihnen besser gefällt oder vom Preis her noch spannender ist – natürlich in der vergleichbaren Kategorie – ich bin den ganzen Tag
heute da, dann verbrennen wir feierlich gemeinsam den Auftrag‘“

„Ich soll echt verbrennen sagen?"

„Nein, das ist mir jetzt so rausgerutscht", sagt Kimba, „aber du kannst sagen: ‚Dann stornieren wir den Auftrag.'"

„Ja, und was, wenn der Kunde sich darauf nicht einlässt?", fragt Lono.

„Na ja, dann wird er wahrscheinlich den nächsten Einwand, beziehungsweise Vorwand bringen, und dann musst du den aus dem Weg räumen. Die ganze Phase der Einwandbehandlung ist wie ein Hürdenlauf, weil der Kunde dir die Hürden aufstellt und du drüber springen musst. Das Einzige, was eine Überraschung ist, ist wie viele Hürden der Kunde wohl in der Tasche hat. Und wenn letztlich deine Kondition ausreicht, um über alle drüberzuspringen, dann wirst du zum Schluss den Auftrag erhalten. Und wir wissen ja beide, Kondition hat sehr viel mit Training zu tun."

Die beiden sind so in ihr Gespräch vertieft, dass sie gar nicht bemerkten, dass sie schon ziemlich knapp in der Zeit sind. Nachdem sie dann auf die Uhr blicken, rennen sie sofort los. Und noch auf dem Weg durch die Lobby, ruft Lono zu Kimba: „Mensch Kimba, ich habe so richtig Lust aufs Verkaufen heute!"

Ohne sich umzuschauen, lacht Kimba und fordert seinen Freund heraus: „Na, dann schau mal, ob du mehr verkaufst als ich!" und springt in das Sammeltaxi, das schon auf sie wartet.

16
Sei dir deiner Stärken bewusst

Der zweite Messetag neigt sich dem Ende zu und Kimba ist mächtig fröhlich, denn immerhin hat er zwei Aufträge geschrieben. Ein kurzer Blick auf die Verkaufsrangliste bringt ihm die Gewissheit, dass er momentan die Nummer eins ist. Und mit seiner überschwänglich guten Laune beginnt Kimba, seine Kollegen ein wenig zu necken. Als er bei Lono angekommen ist und diesen in die Seite knufft, merkt er, dass dieser gar nicht gut drauf ist. Ganz im Gegenteil, Lono ist ruhig, ist etwas abseits und hat heute am Nachmittag noch kein Wort gesprochen, soweit Kimba das mitbekommen hat.

„Hey, alter Freund, was ist denn los?"

„Ach, lass mich", wehrt Lono ab.

Doch Kimba legt noch mal nach: „Nein, ich lass dich nicht. Sag mir doch, was los ist. Du bist ja irgendwie ganz traurig."

„Ach, schon gut", sagt Lono, „genieß deinen Erfolg."

„Nein, nein, nein", sagt Kimba „wenn mein bester Freund was auf dem Herzen hat, dann muss mein Erfolg warten. Komm, lass uns vor die Halle gehen!"

„Na gut", willigt Lono ein und trottet etwas missmutig mit.

Vor der Halle angekommen, kickt Lono gedankenverloren Steinchen vor sich her.

„Na komm", fordert Kimba ihn auf, „jetzt aber raus mit der Sprache. Was ist los, Lono?"

„Ach weißt du, es ist schon der zweite Tag, an dem ich nichts verkauft habe. Ich glaube, ich kann das einfach nicht!"

„Wie? Nichts verkauft?", fragt Kimba. „Du hast doch gestern und heute einen Auftrag geschrieben."

„Ja, aber bei beiden Aufträgen musste mir Tom Gänserich helfen, der kam zum Schluss dazu und machte das Ding dann fest. Ich bin da, glaube ich, einfach zu doof dazu."

„Stimmt doch gar nicht, Lono", widerspricht Kimba, „du bist einfach nur noch ziemlich am Anfang deines Verkaufslebens. Korrigiere mich, wenn ich falsch liege, aber sind das nicht die ersten zwei Tage, in denen du wirklich ernsthaft mit echten Kunden zu tun hast?"

„Ja, schon", bestätigt Lono fast schon trotzig, „aber bei dir sieht das so einfach aus. Wie werde ich denn so erfolgreich wie du oder wie andere erfolgreiche Verkäufer? Ich finde das alles ziemlich frustrierend. Ja, ich weiß, ich habe das ja alles gelernt mit dieser extrinsischen und intrinsischen Motivation. Aber jetzt, wo es drauf ankommt – intrinsisch, extrinsisch – jedenfalls ist grad nichts davon da."

Kimba knufft seinen Freund in die Seite und sagt: „Komm, Lono, jetzt nicht sauer werden. Lass uns ein Blatt Papier suchen und einen Stift. Ich will dir mal was aufzeichnen."

Kimba malt drei Kreise auf ein Blatt Papier, deren Mittelpunkte ein gleichschenkliges Dreieck bilden. Dann erklärt er Lono: „Schau mal, die wirklich erfolgreichen Verkäufer haben diese drei Faktoren verinnerlicht: Links unten, da ist das Wissen. Du brauchst Wissen über das Produkt, du brauchst aber auch Wissen über das Thema Verkaufen, also Fachwissen und Produktwissen – in allen Bereichen. Aber Vorsicht, hier lauert auch eine kleine Falle. Wenn du zu viel Wissen zu einem Produkt hast, musst du immer aufpassen, dass du den Kunden damit nicht überfrachtest. Optimal ist es, das Wissen zu haben, aber dosiert beim Kunden einzusetzen. Doch leider macht dich das Wissen alleine noch nicht erfolgreich."

„Ja, das merke ich", unterbricht ihn Lono.

„Genau, du brauchst auch noch den Punkt, der hier rechts unten kommt", fährt Kimba fort. „Rechts unten steht das Können. Und zwischen Wissen und Können, das ist so ähnlich wie zwischen Theorie und Praxis. Das kannst du dir ganz gut vorstellen, wenn du dir einmal eine Führerscheinprüfung, beziehungsweise das Autofahren an sich anschaust. Das kann dir einer ganz lange erklären, so mit Kupplung und Gas und Bremse und so weiter. Wenn du das erste Mal am Steuer sitzt, dann merkst du, dass du zwar das Wissen hast, wie es gehen soll, aber noch lange nicht das Können."

„Dann laufe ich eben", entgegnet Lono trotzig.

„Ach, pantherlapapp", sagt Kimba, „ich will schon noch auf was Wichtiges hinaus, warte mal ab. Also du brauchst das Wissen, aber du musst auch daran arbeiten, das Wissen umsetzen zu können, um das Können zu haben. Deswegen gehen die Spitzensportler auch regelmäßig noch zum Trainieren, obwohl sie ja eigentlich schon sehr, sehr gut sind. Aber der alles entscheidende Punkt, der die erfolgreichen von den weniger erfolgreichen Verkäufern unterscheidet, das ist der Kreis, der oben in der Mitte von dem Dreieck steht. Und das ist der eigene Wille, das Verkaufen wollen."

„Ich will ja verkaufen!", motzt Lono und ist schon fast ein wenig sauer auf seinen Freund Kimba.

„Ja, ja, das glaube ich dir schon", besänftigt Kimba daraufhin, „und ich will dich damit auch gar nicht angreifen. Aber die Frage ist doch die: Wenn du verkaufen willst, was ich dir ja glaube, du aber merkst, dass du an eine Grenze kommst, wie gehst du damit um? Ich habe schon Kollegen kennengelernt, die dann so reagieren, dass sie mir erklären, wie doof doch der Kunde ist. Aber das kann es ja nicht sein. Die richtig erfolgreichen Verkäufer gehen her und sagen sich: ‚Alles klar, ich will etwas, ich bin dafür auch motiviert, aber anscheinend geht es noch nicht. Jetzt muss ich genau hinschauen, warum es nicht geht. Denn erst, wenn ich es herausgefunden habe, kann ich es verändern.' Erinnerst du dich noch, wie wir als Kinder zum ersten Mal auf Gazellenjagd waren? Wie oft ist dir eine Gazelle entwischt, bis du endlich mal eine zu fassen bekommen hast? Na?"

„Keine Ahnung", sagt Lono.

„Ich habe auch nicht mitgezählt", sagt Kimba, „aber das alles Entscheidende war doch, du hast jedes Mal, nachdem du einen vergeblichen Versuch gemacht hast, eine Gazelle zu jagen, überlegt, woran es gelegen haben kann. Habe ich mich nicht nah genug angeschlichen, bevor ich losgesprungen bin? War ich zu langsam? Habe ich den Weg nicht abgeschnitten, und, und, und. Also du hast einfach überlegt: Habe ich genug Wissen und habe ich genug Können? Du hast dir überhaupt keine Gedanken gemacht, ob du willst. Es war ganz klar, du willst eine Gazelle jagen und auch fangen. Deswegen hast du so lange weiter gemacht, bist du dein Ziel erreicht hast."

„Ja, da hast du schon recht, Kimba", sagt Lono, „aber es geht halt nicht immer alles nur danach, was wir wollen. Der Vater von einer Kommilitonin hat mal gesagt: ,Ach, wenn alles danach gehen würde, was ich will, dann hätte ich eine Surfschule auf Hawaii.'"

„Ja und?", fragt Kimba. „Warum hatte er keine Surfschule auf Hawaii?"

Lono sagt: „Das habe ich ihn auch gefragt und er sagte dann, ich sei ja lustig. ,Erstens: mein Haus ist noch nicht abbezahlt, zweitens: meine Tochter studiert, die muss ich jeden Monat unterstützen und drittens: meiner Frau gefällt es nicht auf Hawaii.'"

Kimba lacht. „Aber das sind doch keine Probleme. Das Haus wird verkauft, die Tochter geht kellnern, die Scheidung wird eingereicht, dann kann er nach Hawaii. Wo ist das Problem?", sinniert Kimba mit ironischem Unterton.

Jetzt muss auch Lono lachen und sagt: „Genau, ein Weichei, der Typ!"

„Also, alter Freund", sagt Kimba dann, „ich freue mich, dass du wieder lachst. Lass uns doch mal genau schauen, woran es jetzt liegt, dass du noch keinen Auftrag ganz alleine hinbekommen hast. Ich finde, soweit ich das sehe, dass du sehr, sehr nett mit den Kunden umgehst."

„Ja, das stimmt schon", sagt Lono, „ich bin eigentlich relativ schnell mit den Kunden im Gespräch und das funktioniert auch alles ganz gut. Ich bin auch inzwischen recht sicher in Bezug auf die Produkte. Aber wenn es dann darum geht, dass der Kunde wirklich die Entscheidung treffen muss … Ach, ich weiß auch nicht, also ich glaube, ich traue mich da einfach nicht. Immerhin ist da eine ganze Menge Geld im Spiel, die der Kunde dafür ausgeben muss und dann bin ich dafür verantwortlich, wenn er nicht glücklich ist oder wenn er das falsche Wohnmobil gekauft hat."

„Ah, ich verstehe", folgert Kimba, „die Angst vor dem Abschluss. Also, da müssen wir jetzt ein wenig an deinem Selbstbewusstsein arbeiten. Du bist doch wer und du hast auch ein gutes Produkt, oder etwa nicht?"

„Ja, schon", antwortet Lono, „ich finde die Wohnmobile toll, ich würde auch mal gerne in so einem Ding Urlaub machen."

„Na also, siehst du", erwidert Kimba, „da haben wir doch die beste Grundlage. Sei selbstbewusst! Hallo? Du bist ein Löwe! Also, stell dich gerade hin, vor allem, wenn es um den Abschluss geht. Schau dem Kunden direkt in die Augen, suche den Blickkontakt und dann fordere ihn direkt dazu auf, dass wir das jetzt in einem Auftrag festmachen. Wie machst du das momentan, Lono?"

Lono überlegt kurz und sagt dann: „Ja, du könntest da auf der richtigen Fährte sein, Kimba, weil ich glaube, gerade, wenn es darum geht, dass das Verkaufsgespräch zum Ende gebracht werden muss – natürlich zu einem guten Ende – dann werde ich sehr vorsichtig und frage öfter nach, ob wir den Kauf fixieren sollen oder ob der Kunde lieber noch eine Runde über die Messe gehen will …."

„Um Himmels willen", regt sich Kimba auf, „das ist der größte Fehler, den du machen kannst. Niemals den Kunden auffordern zu gehen, ohne dass er vorher den Auftrag geschrieben hat! Weißt du was, Lono? Wir gehen morgen eine halbe Stunde früher zum Frühstück und machen das Gleiche wie mit den Einwänden. Wir überlegen uns, was gute Formulierungen sind, um den Auftrag zu bekommen!"

17

Keine Jagd ohne Abschluss

Kimba traut seinen Augen kaum. Am nächsten Morgen kommt Lono fast schon tänzelnd in den Frühstücksraum des Hotels. Er geht an Kimba vorbei, gibt ihm einen Klaps auf die Schulter und sagt: „Na, alter Freund, bereit für die Niederlage heute?"

Kimba fühlt sich wie in einem unrealistischen Traum: War das wirklich der gleiche Lono, den er gestern Abend noch aufbauen musste, als er meinte, dass er nichts kann und keine Perspektiven im Verkauf hat? Na, irgendwas muss heute Nacht ja passiert sein, folgert er.

Kimba blickt seinem Freund Lono tief in die Augen und sagt: „Niederlage, so, so, das werden wir ja sehen, du Krokodilsmaul!"

„Jupp", sagt Lono, „ich habe nämlich eine Geheimwaffe, mein lieber Kimba, und mit der werde ich dir mal zeigen, wer wie viele Wohnmobile verkaufen kann. Ich habe nämlich in alten Aufzeichnungen von Vorlesungen geblättert und habe da noch was von Kaufsignalen und Abschlusstechniken gelesen. Und damit stecke ich dich leider in die Tasche, mein Lieber!"

Abschlusstechniken? Kaufsignale? Kimba hat davon schon gehört, aber bisher machte er das immer aus dem Bauch heraus,
muss er sich eingestehen. Irgendwie hat er es im Gefühl, wann
der richtige Zeitpunkt ist, den Kunden zu fragen, ob man denn
jetzt miteinander den Vertrag macht. Kimba grübelt darüber
nach, ob man dieses Gefühl für den Abschluss durch Techniken
und Signale überhaupt ersetzen könne. Na ja, es klingt auf jeden
Fall spannend und er nimmt sich vor, seinen Freund Lono danach zu fragen.

„Lono!", ruft Kimba seinem Freund zu. „Jetzt halt mal die Pfoten still, setz dich zu mir und sag mir, was du damit meinst."

„Ja, ja, das hättest du wohl gern", antwortet Lono und tänzelt
um Kimbas Stuhl herum. „Hast wohl Angst, dass ich mehr verkaufe heute."

Kimba wird klar, dass er sicherlich nichts aus Lono heraus-
bekommen wird. Also sagt er zu seinem Kumpel: „Na gut, dann
machen wir Folgendes: Wenn ich heute mehr Wohnmobile ver-

kaufe, dann verrate ich dir mein Geheimnis. Und wenn du heute mehr verkaufst, dann verrätst du mir dein Geheimnis. Okay?"

„Deal!", sagt Lono ganz cool und hält Kimba die Pfote hin.

Auf der Fahrt zur Messe muss Kimba unweigerlich ein wenig schmunzeln. Welches Geheimnis soll er denn Lono verraten? So ein wirkliches Erfolgsgeheimnis hat Kimba ja gar nicht. Und einfach nur zu sagen, ich habe das im Gefühl wäre ja auch ein bisschen dünn.

Kaum auf der Messe angekommen, stürmt Lono auch schon auf den Stand zu und hilft den Messekollegen bei den Vorbereitungen. Kimba freut sich, dass sein Freund so gut drauf und so motiviert ist. Er selbst ist natürlich auch ein wenig gespannt, mit welchen „Tricks" Lono heute arbeiten wird.

Dieser Messetag verläuft in Bezug auf die Besucherzahl eher ruhig. Das ist Kimba aber ganz recht, denn er will insgeheim ein klein wenig seinen Freund Lono beobachten.

Gegen Ende des Messetages kommt Lono mit stolzgeschwellter Brust auf Kimba zu. „Hey, Kimba!", ruft er schon von Weitem. „Wie siehts aus? Soll ich dir mein Geheimnis verraten?"

Kimba schmunzelt und sagt: „Aha, wieso? Wie viele Aufträge hast du denn?"

„Zwei!", sagt Lono und zeigt diese Zahl mit seiner Mittel- und Zeigekralle.

„Oh, nicht schlecht", sagt Kimba, „aber ich habe auch zwei. Und jetzt?"

Lono muss lachen und sagt: „Hm, doof, dann müssen wir uns wohl gegenseitig unsere Geheimnisse verraten!"

„Gute Idee", erwidert Kimba, „also lass uns zusammenpacken, wir sehen uns gleich an der Hotelbar."

In der Bar angekommen fängt Lono gleich an zu erzählen: „Weißt du, Kimba, ich habe nochmal in die Unterlagen aus den Vorlesungen bei Professor Ten Laien geschaut. Und da habe ich entdeckt, dass man auf Kaufsignale achten soll. Aber ich muss dir sagen, alter Freund, das hat sich leichter gelesen, als es in der

Realität dann umzusetzen war. Trotzdem sind da sehr gute Hinweise dabei. So habe ich heute bewusst einmal darauf geachtet, wann der Kunde angefangen hat, Ideen zu entwickeln, die er mit seinem neuen Wohnmobil umsetzen könnte."

„Au ja, das kenne ich", steigt Kimba ein, „meine Kunden haben auch angefangen zu überlegen, beispielsweise: ‚Ah, wenn das so und so ist, dann könnten wir ja das und das damit machen und wären dies oder jenes Problem damit los.'"

„Ja, genau darum geht es", bestätigt Lono, „es geht darum, dass der Kunde in seinem Kopf bereits angefangen hat, das Produkt zu benutzen oder Ideen zu entwickeln, was er durch die Nutzung des Produktes anders oder besser haben könnte. Damit signalisiert der Kunde, dass er sich bereits mit dem Gedanken vertraut gemacht hat, dieses Produkt einzusetzen."

Kimba nickt mit dem Kopf und fügt hinzu: „Ja, du hast recht, so bewusst habe ich darauf noch nie geachtet. Gibt es denn noch andere Kaufsignale?"

„Ja", antwortet Lono, „zum Beispiel, wenn der Kunde fragt, wann du das Projekt konkret mit ihm umsetzen kannst. Oder bei unseren Wohnmobilen, wie lange die Lieferzeit ist. Auch damit weist der Kunde darauf hin, dass er sich mit der Konkretisierung deines Angebots befasst und das ist ein klares Kaufsignal."

Dann grinst Lono Kimba an. „Ach, und weißt du, was das stärkste Kaufsignal ist, Kimba?", fragt er seinen Freund.

„Nein, was denn?"

„Na, der Kunde sagt dir, dass er kaufen will."

Kimba lacht und denkt Lono, will ihn damit veralbern, doch Lono fährt fort: „Das ist gar nicht so lustig. Es gibt scheinbar wahnsinnig viele Verkäufer, die das überhören. Wenn der Kunde sagt: ‚Ja, klingt gut, dann können wir das ja so machen', dann sagen manche Verkäufer noch: ‚Ja, aber ich muss Ihnen noch dieses zeigen oder noch jenes zeigen.' Viele Verkäufer stolpern dann wirklich darüber, dass sie es vermeintlich gut mit dem Kunden meinen. Selbst bei uns in der Truppe gibt es das. Ich habe heute zum Beispiel gehört, dass John der Hirsch ein solch klares Kaufsignal vom Kunden einfach überhört hat. Der Kunde sagte wörtlich: ‚Das klingt gut, das ist genau das, was wir gesucht haben.‘ Und John antwortete darauf: ‚Prima, ich kann Ihnen aber auch gerne noch das andere Fahrzeug zeigen.‘“

„Oh je“, sagt Kimba, „da hat es John vermutlich viel zu gut gemeint und wollte dem Kunden möglichst die gesamte Auswahl zeigen, damit dieser sich dann auch gut entscheiden kann. In Wahrheit hat er den Kunden damit aber eher verunsichert und verwirrt.“

„Ganz richtig, alter Freund“, entgegnet Lono, „denn nachdem der Kunde das andere Fahrzeug auch noch angeschaut hatte, verabschiedete er sich mit den Worten: ‚Da muss ich jetzt mal in Ruhe drüber nachdenken.‘ Und das, obwohl davor der Verkauf schon so gut wie sicher war.“

„Ach, deshalb war der heute Nachmittag so schlecht drauf“, sagt Kimba, „John hat ja erst dann wieder gelächelt, als er vorhin neben Fancy, der süßen Assistentin vom Chef, im Bus sitzen durfte.“

Lono lacht und sagt: „Ja, ich glaube, die findet unser John Deer wirklich toll!“

Lono nimmt einen Schluck von seinem inzwischen liebgewonnenen Feierabend-Löwenbräu, blickt seinen Freund Kimba dann direkt an und sagt: „Kimba, eins musst du mir jetzt aber verraten. Wie machst du das mit diesen Abschlussfragen? Da weiß ich immer nicht so genau, was ich sagen soll.“

„Das kann ich dir gerne verraten, lieber Lono“, antwortet Kimba. „Ich stelle nämlich keine Abschlussfragen.“

„Wie? Du stellst keine Abschlussfragen? Das steht aber auch in meinem Skript von der Vorlesung.“

„Ja, das mag ja sein, aber mein Verkaufstrainer meint, dass man heutzutage keine Abschlussfragen mehr stellt. Man stellt Abschlussaufforderungen.“

„Abschlussaufforderungen?", wiederholt Lono ungläubig. „Was ist denn damit gemeint?"

„Das ist ganz einfach", sagt Kimba. „Während du früher gefragt hast: ‚Wollen wir das dann so machen?' Oder: ‚Wie hört sich das für Sie an?' oder solche Geschichten, ist das heutzutage für die meisten Kunden viel zu schwach. Wir brauchen da schon deutlichere Gesten. Deswegen fragen wir nicht mehr nach dem Abschluss, sondern wir fordern dazu auf. Probier das morgen mal, Lono. Wenn du dem Kunden sagst: ‚Wunderbar, dann machen wir das jetzt so.' Oder: ‚Prima, dann hole ich jetzt den Auftrag.' Oder wie auch immer du es formulierst, fordere den Kunden dazu auf, aber stelle keine Frage. Bei einer Frage kann er immer noch Nein sagen. Und bei einer Aufforderung muss er dir schon klar widersprechen."

„Ho ho ho", lacht Lono, „das sind ja wirklich harte Geschütze, die du da auffährst, Kimba!"

„Wieso denn harte Geschütze? Das ist ganz normaler Umgang miteinander. Schau, wenn wir beide was ausmachen, so nach

dem Motto: ‚Wollen wir nachher an der Bar noch was trinken?'
– ‚Ja, okay.' Wenn dann alles geklärt ist, sagt doch auch einer von
uns beiden: ‚Also dann los, ab an die Bar' und nicht: ‚Wollen wir
dann vielleicht unsere Pfoten in Bewegung setzen, um dann anschließend auch irgendwann einmal in der Bar anzukommen?'
Das muss selbstbewusst, selbstverständlich, direkt und mit kraft-
voller Stimme kommen."

Lono grübelt an dem Gesagten herum und irgendwie leuchtet
es ihm ein, was sein Freund ihm gerade gesagt hat. „Ich glaube,
du hast recht, Kimba", sagt Lono nach einer kurzen Zeit, „aber
wieso wird einem so was nicht an der Uni beigebracht?"

„Tja", lacht Kimba, „ich glaube, das ist so ein wenig der Unterschied zwischen Theorie und Praxis. Aber morgen haben wir
ja noch mal die Chance auszuprobieren, was in der Realität wirklich funktioniert."

Am nächsten Morgen beginnt der letzte Messetag. Kimba und
Lono vereinbaren, dass derjenige, der an diesem Tag weniger Rei-
semobile verkauft, dem anderen nach dem Rückflug ein Abendessen zahlen muss.

„Alles klar", nimmt Lono die Herausforderung an – und
träumt schon von einem schönen leckeren Giraffendöner.

18

Löwen sind immer verbindlich

Zwei Tage später sitzen die Löwen erschöpft, aber glücklich nebeneinander im Flugzeug. Kimba kann es nicht lassen, seinen Freund Lono etwas aufzuziehen, indem er ihm vorschwärmt, was er sich alles zu Essen bestellen wird – und was Lono dann zu zahlen hat. Denn Kimba hat am letzten Messetag drei Fahrzeuge verkauft und Lono „nur" zwei. Somit ist Lono an der Reihe, das Abendessen zu bezahlen.

„Oh, ich glaube, ich werde zur Vorspeise ein leckeres Springbock-Tatar nehmen und vielleicht zum Hauptgang einen Gazellen-Burger, dazwischen noch ein kleines Dik-dik auf Toast. Ach, das wird ein Fest und weißt du, was das Schönste ist, Lono?"

„Was?", knurrt Lono.

„Ich muss es nicht bezahlen, ich muss es nicht bezahlen!", singt Kimba.

„Knarr, knarr, knarr", erwidert Lono und spielt beleidigt, „das war ja nur Glück, dass der eine Kunde noch wiedergekommen ist. Der war ja schon weg."

Kimba spielt entrüstet: „Wie? Glück? Das war natürlich Können!"

„Na klar, alter Angeber!", antwortet Lono und rollt dabei die Augen. „Aber mal im Ernst, Kimba, bei mir ist nie ein Kunde wiedergekommen. Was machst du da anders?"

„Na ja", antwortet Kimba, „laut meinem Verkaufstrainer gibt es auch keine Wiederkommer. Entweder wir schließen ab oder wir schließen nicht ab, dazwischen gibt es keine Grauzone. Meine Erfahrung zeigt allerdings, dass es tatsächlich den einen oder anderen Kunden gibt, der einfach etwas mehr Zeit braucht, um eine Entscheidung zu treffen. Und hier ist es dann ganz besonders wichtig, dass du sehr, sehr konkrete Vereinbarungen mit deinem Kunden triffst. Ich habe vor Kurzem zum Beispiel bei einem meiner Kollegen mitbekommen, dass er für einen Kunden noch eine wichtige Information heraussuchen wollte. Mein Kollege beendete das Telefonat mit dem Kunden mit den Worten: ‚Ich melde mich dann, sobald ich die Information habe.' Das ist grundsätzlich ja ein guter Ansatz. Der Kunde wartet dann im Normalfall nicht sehnsüchtig auf die Information, sondern lässt sich mehr oder weniger überraschen. Meistens gerät die Angelegenheit beim Kunden mehr und mehr in Vergessenheit. Außer, mein Kollege hat Glück und er bekommt die Information, die er für den Kunden sucht, sehr schnell. Sehr gut, auch lion-like ist es, wenn wir dem Kunden sagen: ‚Lieber Kunde, ich schaue, dass ich die Information heute noch bekomme, ich rufe Sie aber in jedem Fall morgen um 9 Uhr 30 an, egal ob ich die Information habe oder nicht, und dann können wir weitere Schritte besprechen.‘ Somit stellst du klar, dass du in jedem Fall noch mal mit dem Kunden Kontakt aufnimmst. Und selbst wenn du die Information noch nicht hast oder nur unvollständig, hast du zumindest einen Grund geschaffen, in dieser heißen Phase – wo es um die Entscheidung des Kunden geht – noch einmal Kontakt mit ihm zu haben. Das ist verbindlich und das ist konkret. Und genau so habe ich zum Beispiel gearbeitet, wenn Kunden noch mal über die Messe schauen wollten, bevor sie sich entscheiden konnten. Hast du mal gehört, was John Deer dann immer sagte?"

„Nein", entgegnet Lono.

„John sagte immer: ‚Alles klar, schauen Sie in Ruhe über die Messe, ich bin ja den ganzen Tag da‘."

„Aber das stimmt ja auch", sagt Lono.

„Ja", sagt Kimba, „natürlich ist es sachlich richtig, aber ist es konkret? Ist es verbindlich? Wie hoch ist die Motivation des Kunden, später noch mal da hinzugehen? Ich habe das immer ein wenig anders eingefädelt. Ich habe in so einem Fall gesagt: ‚Gut, wenn Sie gerne noch mal über die Messe gehen wollen, wie lange werden Sie dazu ungefähr brauchen?‘ Die meisten Kunden antworteten: ‚Nun ja, so zwei, drei vielleicht auch vier Stunden.‘ Daraufhin sage ich dann: ‚Au prima, das könnte ich schaffen!‘ Daraufhin stutzen natürlich die meisten Kunden und sagten: ‚Wie? Was könnten Sie schaffen?‘ Und dann sage ich denen: ‚Ja, ich habe nämlich noch eine Idee im Kopf, das müsste ich aber zuvor mit dem Hersteller abklären und ich bin mir nicht sicher, wie schnell ich den erreiche, aber innerhalb von zwei, drei Stunden müsste ich das hinbekommen. Und wenn das, was ich im Kopf habe, gelingt, dann lohnt es sich für Sie gleich doppelt, noch mal wieder zu kommen!' Damit habe ich die Kunden dann erst mal neugierig gemacht und dann habe ich gesagt: ‚Was aber wichtig ist, ich möchte mir ja gerne wieder Zeit für Sie nehmen, lassen Sie uns doch gleich vereinbaren, dass Sie in drei Stunden, also um Viertel nach zwei wieder hier sind. Dann werde ich vorher keinen Kunden annehmen, damit ich wieder in Ruhe mit Ihnen sprechen kann und Ihnen wahrscheinlich auch noch eine tolle Überraschung präsentieren kann.'"

Lono nickt nachdenklich. Neugierig machen und dann einen konkreten Termin ausmachen, das ist echt nicht schlecht. „Mensch alter Kumpel, du hast ganz schön was drauf im Vertrieb. Aber wie machst du das denn, wenn du zum Beispiel im Außendienst bist und dein Kunde die Entscheidung noch mal besprechen muss?"

„Ganz einfach", sagt Kimba, „ich frage ihn ganz konkret, bis wann er denn diese Entscheidung intern besprechen kann und dann mache ich mit ihm einen ganz konkreten Telefontermin aus, wann ich mich wieder melde. Also, wenn ich zum Beispiel an einem Dienstag beim Kunden vor Ort bin und er sagt: ‚Ja, das müssen wir intern noch abklären, ob wir das Budget so bekommen.' Dann frage ich, wann er denn diese Budgetfrage geklärt haben wird. Wenn er dann beispielsweise sagt: ‚Wir haben am Donnerstag eine Sitzung, bei der wir über genau dieses Thema sprechen', dann schlage ich ihm gleich vor: ‚Mensch, das ist doch prima, dann rufe ich am Freitagvormittag an, damit wir, wenn es positiv entschieden wird, wovon ich ja ausgehe, keine Zeit mehr verlieren.'"

„Und darauf lassen sich die Kunden ein?", fragt Lono etwas ungläubig.

„Ja, na klar, in dem Stadium ist es immer schon so weit, dass klar ist, dass der Kunde grundsätzlich auch möchte, dass es aber dann darum geht, wie man es realisieren kann. Du erinnerst dich an den Unterschied zwischen Einwänden und Vorwänden? Wir reden hier von einem Einwand, also einer sachlichen Thematik, die gelöst werden muss. Und genau darum geht es. Und wenn wir hierbei unverbindlich sind, dann kriegen wir bei dem Kunden möglicherweise nie mehr einen Fuß in die Tür."

Lono nickt nachdenklich. Nach einer Weile sagt er zu seinem Freund: „Mensch Kimba, ich glaube ich bin als Kunde genauso. Ich wollte mir vor Kurzem für meine Studentenbude ein Schlafsofa kaufen und bin in ein Möbelgeschäft gegangen, habe da auch ein nettes Modell gesehen, konnte mich aber irgendwie noch nicht entscheiden. Und da sagte der Verkäufer zu mir: ‚Das macht ja nichts, ich bin ja immer da, außer mittwochs, da habe ich meinen freien Tag. Sie können sich das ja in Ruhe überlegen und dann kommen Sie bei Gelegenheit einfach wieder.' Das ist jetzt drei Monate her und ich hatte einfach noch nie die Gelegenheit, wieder dort hinzugehen. Ich glaube, wenn der Verkäufer damals mit mir einen konkreten Termin ausgemacht hätte oder noch besser, versucht hätte, mich gleich davon zu überzeugen, dass das das richtige Sofa für mich ist, dann wäre diese Thematik für mich schon lange erledigt."

„Da siehst du es, Kumpel", sagt Kimba, „es ist auch für einen Kunden schwierig, mit einem unkonkreten und wenig verbindlichen Verkäufer klar zu kommen. Ach, und bei der Gelegenheit, wann wärst du denn da wieder hingegangen? Vermutlich an einem Mittwoch."

„Wieso? Er sagte doch immer außer mittwochs", erwidert Lono.

„Ja, aber unser Gehirn ist sehr, sehr schlecht darin, ein Nein oder ein Nicht zu verarbeiten. Immer, wenn wir aufgefordert werden, etwas nicht zu tun, muss sich das unser Gehirn erst einmal vorstellen, um es dann zu verneinen. Wenn also ein Verkäufer dir sagt: ‚Ich bin immer da außer mittwochs', speichert dein Gehirn mittwochs. Und da kann es natürlich passieren, dass du nach zwei, drei Wochen einfach nicht mehr weißt, dass es ‚außer' mittwochs hieß. Du erinnerst dich dann also nur noch an den Wochentag, den der Verkäufer genannt hat und gehst dann dahin."

Lono muss unweigerlich schmunzeln, weil er tatsächlich an einem Mittwoch mal daran gedacht hat, er kann ja jetzt mal zu dem Verkäufer gehen und das Sofa kaufen. Aber wie so oft, ist natürlich was dazwischen gekommen.

Plötzlich kommt Lono noch ein weiterer Gedanke: „Mensch, Kimba, ich glaube das ist auch der Grund, warum es für mich so schwierig ist, Leonie wieder zu treffen!"

„Wie meinst du denn das?", fragt Kimba.

„Na ja, also immer wenn wir zusammen sind, habe ich das Gefühl, sie möchte gerne noch mal was mit mir unternehmen. Aber weil ich mich nicht so wirklich getraut habe, das zu konkretisieren, sind wir eigentlich immer auseinandergegangen mit den Worten: ‚Wir sehen uns, oder wir können uns ja schreiben.'

Und ich glaube, keiner von uns beiden hat dann so recht die Konsequenz, den Anfang zu machen. Vielleicht sollte ich auch hier konkret und verbindlich werden."

Kimba grinst über beide Backen und sagt: „Jetzt fängst du schon an wie mein Kollege, der alte Schwerenöter, der hat immer drei Frauen gleichzeitig und er nennt das dann auch noch Sozialakquise, was er da macht."

Er lacht noch mal kurz und meint dann: „Also, wir Verkäufer sind schon eine sonderbare Rasse!"

19
So hält ein Löwe sein Kundenrudel zusammen

Kaum haben die beiden das Flugzeug verlassen, steuern sie auch schon ihr Lieblingsrestaurant an. Das Essen im Flugzeug war gruselig und sie sind beide froh, jetzt etwas richtig Leckeres zu Essen zu bekommen. Kaum haben sie Platz genommen und ihre Bestellungen aufgegeben, da zückt Kimba auch schon sein Smartphone.

„Ohne das Ding kannst du auch nicht leben", frotzelt Lono.

„Na ja, doch schon", antwortet Kimba und merkt erst jetzt, dass es vielleicht Lono gegenüber etwas unhöflich ist. „Aber die Dinger sind so genial und man kann so prima mit seinen Kunden Kontakt halten heutzutage. Und das ist ja nach dem Abschluss noch immens wichtig, dass keiner aus deinem Kundenrudel verloren geht."

„Hihi, Kundenrudel", lacht Lono, „du bist ja lustig!"

„Wieso denn lustig?", fragt Kimba. „Dein Vater, als Anführer des großen Löwenrudels musste ja auch schauen, dass keiner zurückbleibt. Wenn einer schwach wurde oder sich verletzt hat, sorgte dein Papa stets dafür, dass der trotzdem mit der Herde mitkam."

„Ja, schon", antwortet Lono, „aber was hat das mit Kunden zu tun?"

„Na, ganz einfach", erklärt Kimba, „auch ein Kunde bleibt – nachdem er bei mir gekauft hat – ja weiterhin ein potentieller Kunde. Er kann andere Modelle benötigen von meinen Tablets, die ich verkaufe, er kann einen anderen Tarif benötigen, er stellt Leute ein und braucht einfach weitere Zugänge, und, und, und. Das heißt, in dem Moment, wo ich einen Abschluss getätigt habe, ist es eigentlich gar kein Abschluss, sondern ein Anfang, nämlich der Anfang einer Kundenbeziehung und die muss ich pflegen."

So hat Lono das noch nie gesehen, aber irgendwie leuchtet es ihm auf Anhieb ein. „Ja, und was machst du da genau?", fragt er neugierig.

„Na ja, ich mache verschiedene Dinge. Also zum einen bin ich in diesen sozialen Medien unterwegs und auch die, die vermeintlich nur privat genutzt werden, so wie Lionsbook zum Beispiel, nutze ich durchaus geschäftlich."

Von Lionsbook hat Lono schon gehört, aber wie man das geschäftlich nutzen kann? Keine Ahnung. Also fragt er seinen Freund: „Ja, aber was machst du denn da genau? Wie nutzt du das denn geschäftlich?"

„Na, ich habe mir da so eine richtige, kleine Strategie zu-
rechtgelegt", antwortet Kimba. „Also, das Erste, was ich mache
bei meinen guten Kunden, ich trage mich in deren Newsletter-
Verteiler ein. Einfacher kann ich es doch gar nicht haben. Ich
bekomme direkt von meinen Kunden deren Neuigkeiten, deren
wichtige Themen in meinen Posteingang."

„Oh, mein Gott", sagt Lono, „da wirst du ja überflutet mit
Informationen und verlierst sicher schnell den Überblick, oder?"

„Nein, überhaupt nicht", erwidert Kimba, „ich habe mir das
Ganze einfach in meinem Lion-Mail-Programm strukturiert.
Überhaupt sind Struktur, Effizienz und Organisation ein ganz
wesentlicher Faktor, damit du hier nicht irgendwann ins Strau-
cheln kommst. Im Idealfall hast du ja immer mehrere Kunden
und musst somit immer mehrere Informationen verarbeiten können."

„Das ist ja genau wie bei mir an der Uni", knurrt Lono.

„Ja", sagt Kimba, „und da habe ich einen guten Buchtipp für
dich: ‚Die Löwen-Liga‘, heißt das, ‚Tierisch leicht zu mehr Produktivität und weniger Stress‘. Da stehen unheimlich gute Tipps
drin, wie du dich selbst effizient und gut organisieren kannst."

„Ja, danke", sagt Lono. „Also du trägst dich in deren Newsletter ein und dann? Was machst du dann?"

„Na, dann nehme ich mir jeden Tag eine bestimmte Zeit, in
der ich mir diesen Newsletter auch anschaue und entsprechend
darauf reagiere. Wenn ein Kunde beispielsweise in seinem Newsletter schreibt, dass er eine Zertifizierung erhalten hat, dann nehme ich mir die Zeit, ihm kurz eine Gratulations-Lion-Mail zu
schicken. Oder wenn ein anderer Kunde schreibt, dass er dann
und dann an der und der Messe in der und der Stadt teilnehmen
wird, dann versuche ich herauszufinden, wo dort ein gutes Restaurant ist und schicke ihm eine kleine Empfehlung."

„Ach, und deshalb kaufen die dir dann mehr ab?", fragt Lono.

„Nein, nicht direkt", antwortet Kimba, „aber wenn du auf diese Art und Weise schon mal die Beziehung pflegst, dann hast du

natürlich die größten Chancen in dem Moment, im dem deine Kunden etwas benötigen, dass diese dann auch wieder an dich denken."

Jetzt erinnert sich Lono an eine Ausschreibung, die er an der Uni gelesen hatte zu einem zweitägigen Seminar „Der neue Verkäufer – Beziehungsmanager und Informationsbroker". Das hat Kimba ja schon gut drauf, denkt Lono.

„Das ist aber natürlich noch nicht alles", unterbricht Kimba Lonos Gedanken, „ich denke natürlich auch an meine Kunden, wenn ich zum Beispiel irgendwo etwas lese, was sie interessieren könnte. Zum Beispiel ein Bericht in der Zeitung, in dem die Firma meines Kunden erwähnt wird oder ein Bericht in der Zeitung, in dem der direkte Wettbewerber meines Kunden erwähnt wird. Das scanne ich dann kurz ein und schicke es per Lion-Mail meinem Kunden. Aber das ist ja auch noch nicht alles. Ich habe sogar einen eigenen Kanal auf dieser Videoplattform, diesem GnuTube. Dort veröffentliche ich immer kleine Videos, die ich selber drehe, mit Tipps und Tricks, die unsere Produkte betreffen. Das wird tatsächlich sehr, sehr oft angeschaut. Und dann verbinde ich mich natürlich noch gerne mit meinen Kunden auf Lionsbook. Du weißt schon, diese Plattform, wo man problemlos Nachrichten untereinander austauschen kann und auch sieht, was der andere so veröffentlicht."

„Bist du irre?", unterbricht ihn Lono. „Du verbindest dich da mit deinen Kunden? Das ist ja schrecklich!"

Kimba zieht die Augenbraue hoch und meint: „Wieso, was meinst du denn, alter Freund?"

„Na, ich bin da zwar nicht angemeldet, aber ich habe da mal reingeschaut. Das ist ja die Vollkatastrophe. Da siehst du immer nur irgendwelche komischen Bilder von verrückten Leuten, die betrunken in der Ecke liegen."

Kimba lacht und sagt: „Na ja, in deinen Studentenkreisen glaube ich das sogar. Aber du kannst schon sehr gezielt steuern, was du da von dir selbst veröffentlichen willst."

„Na, aber ich habe gehört", fährt Lono fort, „dass du gar nichts dagegen machen kannst, wenn dich einer auf einem Foto markiert oder etwas über dich schreibt."

„Ja, das habe ich auch gehört", sagt Kimba, „aber du kannst das alles so einstellen, dass niemand etwas über dich veröffentlichen kann, ohne dass du es weißt und sogar freigibst. Und somit kannst du das alles sehr gut steuern. Und wie bei allem, musst du natürlich deinen gesunden Löwenverstand einsetzen."

„Okay", sagt Lono, „aber warum ist es denn wichtig, so aus vertrieblicher Sicht? Das ist doch reines Privatvergnügen, oder nicht?"

„Nicht wirklich", entgegnet Kimba, „denn es ist ja nicht nur so, dass deine Kunden sehen, was du postest, du siehst ja auch, was deine Kunden posten und das kann unter Umständen sehr gut sein. Denn, wenn zum Beispiel dein Kunde eine Frage hat und du hilfst ihm, diese Frage zu beantworten, dann wird er sich wieder positiv an dich erinnern. Und ein weiterer großer Vorteil ist, dass du natürlich mit einem Posting zu einem interessanten Thema, was du zum Beispiel verkaufst oder wofür du stehst, gleich viel mehr Menschen erreichst, ohne dass du jedem Einzelnen Lion-Mails schicken musst oder sonst irgendwie in Kontakt treten musst. Abgesehen davon, musst du heute in diesen Kanälen unterwegs sein, weil sich das, was die Fachleute ROPO nennen, weiter entwickeln wird."

„Ropo?", fragt Lono ungläubig. „Was bitte soll das denn sein?"

„ROPO", führt Kimba aus, „ist die Abkürzung für Research Online Purchase Offline, das bedeutet also, dass sich die Menschen zunehmend mehr online informieren, über Produkte, über Dienstleistungen, über Firmen und dann aber durchaus bereit sind, dorthin zu gehen, um vor Ort zu kaufen. Und je mehr du online als Verkäufer präsent bist mit guten Tipps, mit guten Inhalten, desto eher stoßen die Kunden, und somit auch die potentiellen Kunden, auf dich. Vor Kurzem zum Beispiel habe ich wieder ein Video auf GnuTube hochgeladen und kurz darauf klingelte mein Telefon. Es war ein Kunde von mir dran, der sagte: ‚Mensch, ich wusste gar nicht, dass Sie das auch haben, können Sie mir dazu mal Informationen zuschicken?' Natürlich habe ich ihm keine Informationen zugeschickt, sondern gleich einen Termin ausgemacht und in dem Fall auch direkt dort vor Ort den Abschluss machen können. Das ist also ein ganz direkter Zusammenhang zwischen der Nutzung der sozialen Medien, nämlich dadurch dass ich das Video online gestellt habe, und einem ganz konkreten Auftrag. In jedem Fall erleichtern diese neuen Medien dir unwahrscheinlich die Möglichkeit, permanent mit deinem Kunden in Kontakt zu sein."

„Das heißt also", grübelt Lono, „du nutzt das gar nicht privat, sondern es ist so eine Art privat-geschäftlich."

„Ja, richtig", bestätigt Kimba. „Ach, und bei der Gelegenheit, melde dich doch auch dort an, dann können wir noch schneller miteinander kommunizieren."

„Nichts gegen dich", sagt Lono. „Aber ich muss ja nicht wirklich wissen, ob ihr neue Tarife habt oder neue technische Errungenschaften in euren Produkten. So spannend finde ich das nicht."

„Hm, das verstehe ich", sagt Kimba, „aber ich habe eine geschlossene Gruppe, die nennt sich enge Freunde. Da würdest du natürlich sofort dazukommen und da poste ich dann die Dinge, von denen ich möchte, dass meine Freunde sie erfahren, aber meine Kunden nicht. Ist ganz einfach, probiers doch aus!"

„Ja, ich glaube, das werde ich tun", sagt Lono und freut sich darüber, dass gerade die Vorspeise serviert wird.

20

Es gibt keine Ausreden

Lono genießt sichtlich jeden Bissen seiner Vorspeise. Zwischen einer Gabel voll Springbock-Tatar und einem Schluck seiner Leonade, sagt er zu Kimba: „Weißt du, Kimba, ich glaube du bist ein echtes Glückskind!"

Kimba schaut auf und fragt: „Wie kommst du denn darauf?"

„Na, du hast es doch wirklich gut getroffen", erwidert Lono.

„Was meinst du mit gut getroffen?"

„Na, schau mal, wir sitzen hier in diesem tollen Restaurant, essen leckeres Essen …"

Kimba unterbricht ihn: „Ja, weil du zahlst, hehe!"

„Ja, schon klar", sagt Lono, „aber auch sonst, du hast ein schönes kleines Apartment, du hast einen tollen Job, verdienst gutes Geld, das ist doch prima."

„Stimmt, und was davon", fragt Kimba, „hat mit Glück zu tun?"

„Na, dass sich das alles so gefügt hat", sagt Lono.

Kimba muss an seinen Verkaufstrainer Martin Löwenherz Sänger denken. Nach dem ersten Tag Training mit ihm sagte Kimba abends auch: Sie sind aber ein echter Glückspilz, Herr Sänger. Und was nach dieser Aussage passierte, hätte Kimba niemals vorausgeahnt. Martin Löwenherz Sänger wurde richtiggehend energisch. Er hatte Kimba damals sofort gefragt: Wieso Glückspilz, wie kommen Sie denn darauf?

Und dann fuhr Löwenherz fort: „Kimba, ich möchte Ihnen mal eine Geschichte erzählen und anschließend können wir noch mal über das Thema Glück reden. Vor vielen Jahren klingelte mein Telefon, ein Freund von mir, mit dem ich zu diesem Zeitpunkt ein paarmal tauchen war, war dran. Dieser Freund lud mich zu einem Businessfrühstück ein, wie er es nannte, morgens um 7 Uhr, entsetzlich, so früh. Ich fragte also nach: ‚Sag mal, so früh und da treffen sich Unternehmer? Was ist denn das für eine sonderbare Geschichte?‘"

Sein Freund erklärte ihm daraufhin, was da abläuft. Trotzdem blieb Löwenherz sehr skeptisch.

„Nein, ich glaube das ist nichts für mich", sagte er, „geh da mal schön alleine frühstücken."

Sein Freund erwiderte daraufhin: „Hey, du vertraust mir unter Wasser dein Leben an, dann kannst du auch mal mit mir Frühstücken gehen."

Löwenherz ließ sich also breitschlagen und sagte zu.

Und dann erzählte er weiter: „Als ich auf diesem Businessmeeting angekommen war, in einem tollen Luxushotel am Löwischen Garten, stand irgendwann ein älterer Herr auf und sagte: ,Ich habe sehr gute Kontakte nach Katar und wen das interessiert, der kann mich nach diesem Frühstück gerne darauf ansprechen.'"

Martin Löwenherz Sänger fuhr fort: „Ich habe mir dann sofort Gedanken gemacht, dass ich sehr schnell auf diesen Herrn zugehen muss, weil ich natürlich keine Lust habe, irgendwie in der Schlange zu stehen, weil sich alle für Katar interessieren. Doch, was dann nach Beendigung des offiziellen Frühstücks passierte, hätte ich nicht gedacht. Kein Einziger ging auf diesen älteren Herrn zu. Ich konnte also ganz in Ruhe hingehen, mich kurz vorstellen und dann im Anschluss nach den Ideen oder Möglichkeiten in Bezug auf Katar fragen. Der ältere Herr gab mir dann Auskunft und sagte: ,Ähm, sobald der Scheich wieder mal in der Stadt ist, würde ich Sie anrufen. Dann könnten wir vielleicht ein Treffen arrangieren.' Beim Rausgehen aus diesem Hotel nahm mich mein Freund, der mich eingeladen hatte, zur Seite und sagte: ,Sag mal, willst du das mit diesem Katar wirklich machen? Also irgendwie weiß man ja gar nichts von diesem Land und ob die dann auch Geld haben, ob die zahlen können, also ich wäre da an deiner Stelle sehr vorsichtig.' Ich lachte nur kurz und sagte: ,Na ja, ich bin ja letztendlich jetzt auch nur zu diesem Frühstück gekommen, weil du mich da quasi überredet hast und mir ist auch nichts Schlimmes passiert!'"

Am darauffolgenden Samstag, erzählte Löwenherz, war er gerade beim Rasenmähen als plötzlich das Telefon klingelte. Es war der ältere Herr, der die Kontakte nach Katar hat, und ihm sagte, dass der Scheich in der Stadt sei und fragte, ob er um 11 Uhr im Hippo Grand Hotel sein könne.

Löwenherz erzählte weiter: „Ich hatte gerade die Hälfte meines Rasens gemäht, war natürlich in Arbeitsklamotten und brauchte insgesamt gute 60 min in dieses Hotel. Es war allerdings schon fünf Minuten nach 10 Uhr. Ich hatte also nur noch 55 min Zeit. Ich legte also das Telefon aus der Hand, machte den Rasenmäher aus, ließ ihn stehen, wo er stand, rannte ins Badezimmer und stellte mich sofort unter die Dusche. Meiner verdutzen Frau rief ich zu: ‚Leg mir bitte einen Anzug raus und ein Hemd und eine Krawatte!' Das war das erste Mal, dass meine Frau mich anzog. Kurze Zeit später sprang ich also ins Auto und raste davon, um dann tatsächlich eine Minute vor 11 Uhr vor dem Hippo Grand Hotel zu sein. Um eine lange Geschichte kurz zu machen: Wir führten letztlich mehrere Gespräch, aber schon wenige Wochen später hatte ich einen Auftrag aus Katar. Und jetzt ist die Frage: Was hat das alles mit Glück zu tun? Die Frage ist doch, wie hätten andere Menschen da gehandelt? Was hätten die getan, die vermeintlich weniger Glück gehabt hätten? Es ist einfach schlichtweg kein Glück, sondern die Folge der eigenen Entscheidungen und Handlungen."

„Hm, tolle Geschichte", schmatzt Lono, „aber was hättest du getan, Kimba?"

„Hm, schwer zu sagen", murmelt Kimba nachdenklich, „aber ich fürchte, ich hätte eine Ausrede gefunden. Die erste Ausrede, wenn mich jemand zu einem Frühstück morgens um 7 Uhr einlädt. Da hätte ich wahrscheinlich gesagt: ‚So früh ist einfach zu früh für junge Löwen, da kann ich wirklich noch nicht denken und da habe ich auch noch keinen Hunger.' Die zweite Ausrede wäre vermutlich gewesen, dass ich gesagt hätte: ‚Hm, Katar, unbekanntes Land, kenne ich nicht, ich konzentriere mich lieber erst mal darauf, hier erfolgreich zu sein.' Und bei dem Anruf während des Rasenmähens hätte ich auf die Uhr geschaut und gesagt: ‚Das schaffe ich auf gar keinen Fall. Ich fahre ja alleine schon 60 min, dann kann ich ja nicht in 60 min da sein, wenn ich mich noch duschen und anziehen muss.' Und ob ich dann den Mumm aufgebracht hätte, einfach mal ein Flugticket zu kaufen und nach Katar zu fliegen, wo ich nur einen vermeintlichen Scheich – das kann man ja gar nicht nachprüfen – kurz kennengelernt hatte? Also ganz ehrlich, da wären bei mir viel zu viele unkalkulierbare Risiken im Kopf gewesen."

Lono nickt und sagt: „Ja, ja, mein Professor hat immer gesagt: ,Ich-kann-nicht wohnt in der Ich-will-nicht-Straße.'"

„Der Spruch ist gut", sagt Kimba nachdenklich. „Ich glaube, wir neigen alle dazu, eher Gründe gegen etwas zu finden oder entsprechend Ausreden dafür zu finden, warum etwas nicht geht, als konkret nach Gründen zu suchen, warum und wie etwas funktionieren kann. Als ich gerade frisch in der Firma, bei der ich jetzt bin, angefangen hatte, da ging ich zum ersten Mal mit einem Problem, das ich hatte und mit der Lösung nicht weiterkam, zu meinem Chef. Und anstatt mir die Lösung zu sagen, fragte er nur: ,Okay, wie würdest du jetzt weiter verfahren?' Ich fand das damals ziemlich doof von meinen Chef, weil ich ja die Lösung von ihm haben wollte. Aber er sagte mir: ,Denk dir was aus und schlage es mir vor – und dann reden wir darüber, ob es Sinn macht.' Mein erster Gedanke war damals: Ja, wenn ich die Lösung wüsste, wäre ich ja nicht zu meinem Chef gegangen. Aber ich habe mich noch mal hingesetzt und darüber nachgedacht. Und siehe da, ich bin tatsächlich auf eine Idee gestoßen und habe diese meinem Chef vorgeschlagen. Er ging mit mir die Vor- und Nachteile dieser Idee durch und beschloss dann, dass wir das so machen. Da war ich schon irgendwie ein bisschen stolz, weil ich die Lösung für dieses Problem selbst gefunden hatte. Das hat er noch ein paar Mal so mit mir gemacht, bis ich kapiert habe, dass ich – immer wenn ich vor einem Problem stehe – nicht anfangen muss zu suchen, warum das jetzt nicht geht oder warum ausgerechnet mir das wieder passiert, sondern einfach darüber nachzudenken, wie ich diese Klippe umschiffen könnte."

„Hm, ja", sagt Lono, „ich glaube da kann sich jeder von uns an die eigenen Nüstern fassen. Ich muss zugeben, ich bin auch schon an ein paar Tagen morgens einfach liegen geblieben und habe mir eingeredet, dass ich nicht aufstehen kann, weil die Party am Vorabend so wild war. In Wahrheit wollte ich nicht aufstehen, weil ich genau gewusst habe, dass der Tag richtig schwierig werden würde, in meinem Zustand. Aber die Verantwortung dafür habe ich ja selbst. Ich habe die Entscheidung getroffen, abends feiern zu gehen. Ich habe die Verantwortung dafür, wie lange ich auf der Party geblieben bin und ich habe natürlich auch die Verantwortung dafür, zu entscheiden, ob ich am nächsten Tag aufstehe und meinen Job mache oder nicht."

„Ganz genau", sagt Kimba, „und siehst du, Lono? Das ist genau das, was uns Löwen von den meisten anderen Tieren unterscheidet. Wir finden keine Ausreden, sondern wir übernehmen die Verantwortung für unser Leben. Na ja, meistens zumindest!"

21
Kundenbeziehungen: Löwe mit Löwe

Das leckere Abendessen, das die beiden Freunde miteinander genossen haben, lag schon wieder einige Wochen zurück. Da klingelt Kimbas Telefon und ein aufgeregter Lono ist dran. „Kimba, Kimba!", ruft er begeistert, „ich habe heute was Tolles in einer Vorlesung gelernt. Das muss ich dir unbedingt sagen. Hast du schon mal was von den verschiedenen Kundentypen gehört?"

„Kundentypen?", wiederholt Kimba und kann die Aufregung seines Freundes noch nicht ganz verstehen. „Hm, was ist denn damit gemeint, Lono?"

„Ja, also es gibt Löwen und Affen und Elefanten und Gazellen als Kundentypen."

Kimba kennt natürlich all diese Tiere, weiß aber nicht so genau, was sein Freund Lono mit dem Thema Kundentypen meint. Also fragt er nach: „Was meinst du denn damit, Lono?"

„Das ist ganz einfach", sagt Lono, „schau mal, wenn du zum Beispiel einen Löwen als Kundentyp hast, was würdest du dem so spontan für Eigenschaften zuschreiben?"

„Hm, lass mich kurz nachdenken", sagt Kimba. „Na ja, ein Löwe ist natürlich stark und kräftig und auch das beherrschende Tier. Wir sind halt einfach die Könige der Tiere."

„Ganz genau", sagt Lono, „wir sind stark, wir sind selbstbewusst und wir wissen auch, dass wir an der Spitze der Nahrungskette stehen. Und die Auswirkung davon ist, dass wir ziemlich genau wissen, was wir wollen."

„Ja, solche Kunden kenne ich", bestätigt Kimba, „und was ist da jetzt die besondere Erkenntnis?"

„Na ja", erwidert Lono, „wenn du das erkennst, Kimba, dann kannst du natürlich mit diesem Löwen-Kunden entsprechend umgehen. Wenn du also bereits an seinem Auftreten merkst, dass dein Kunde selbstbewusst, selbstsicher und ziemlich direkt ist, dann weißt du: Aha, mit dem muss ich in einer entsprechenden Art und Weise umgehen. Zu welchem Kundentyp dein Gesprächspartner gehört, bekommst du auch sehr leicht mit, indem du gut zuhörst, wie der Kunde mit dir redet. Wenn er zum Beispiel sagt: ‚Zeigen Sie mir mal dies, machen Sie mal das', vielleicht sogar ohne bitte zu sagen, dann deutet das daraufhin, dass er letztlich das Verkaufsgespräch beherrschen will."

„Ah, so langsam dämmert mir was", sagt Kimba. „Ja, solche Kunden kenne ich, hatte ich auch schon ein paar. Da ist es ganz wichtig, dass du dem Kunden möglichst das Gefühl gibst, dass er die Entscheidungen trifft. Aber ich gebe zu, das fällt mir gar nicht so leicht."

Lono lacht: „Ha, natürlich fällt dir das nicht leicht. Du bist ja ebenfalls ein Löwe und da prallt ein Löwe auf einen anderen Löwen. Und deshalb fällt es dir dann entsprechend schwer, weil du bestimmen willst, in welche Richtung es geht. Aber dein Löwenkunde will auch sagen, wo es langgeht und in dem Moment kann es ganz leicht passieren, dass so eine Art kleiner Machtkampf entsteht. Aber du hast ja vorhin schon genau das richtige Mittel dagegen erwähnt. Du musst dem Kunden das Gefühl geben, dass er die Entscheidungen trifft. Aber mal eine Frage an dich, Kimba: Wie machst du das denn?"

„Ach, das ist ganz einfach", erwidert Kimba. „Am besten arbeitest du mit offenen Fragen, also Fragen, auf die der Kunde entsprechend die Antwort gibt und aus seiner Antwort bastelst du dann eine Art Lösung. Also, wenn du den Kunden zum Beispiel fragst: ‚Lieber Kunde, was halten Sie denn von diesem oder jenem?', dann ist es fast egal, was er antwortet. Du kannst in jedem Fall auf seine Antwort hin sagen, dass das eine gute Idee ist oder eine interessante Sichtweise. Und schon bekommt der Kunde das Gefühl, er hat hier die entsprechend richtige Antwort gegeben. Und wenn du das ein paar Mal machst und vielleicht sogar bis zum Abschluss hin machst, dann bekommt dein Löwenkunde immer das Gefühl, er hätte alles entschieden, er hätte die Sache in der Hand und somit beherrscht er eben auch die Szenerie. Selbst wenn du ihn als Verkäufer geschickt mit deinen Fragen genau dahin gelenkt hast, wo du ihn haben wolltest. So bin ich bisher einfach mit diesem Löwen-Kundentyp umgegangen. Was hat denn dein Professor dazu gesagt, Lono?"

Es dauerte eine kurze Zeit bis Lono antwortet. Dann sagt er: „Entschuldigung, ich habe mir das mit den offenen Fragen gerade aufgeschrieben. Das ist ja sehr clever. Mein Professor hat auch gesagt, man muss dem Kunden das Gefühl geben, dass er letztlich die Oberhand hat bei der ganzen Geschichte. Apropos Oberhand, Kimba, mein Professor hat auch gesagt, dass man den Löwen-Kundentyp auch daran erkennen kann, dass er ganz gerne versucht, beim Handschlag die Hand leicht nach oben zu drehen, um die Oberhand im wahrsten Sinne des Wortes zu gewinnen. Ist dir das schon mal passiert?"

„Oh ja", erwidert Kimba, „ich habe einen Kunden, der dreht die Hand nicht nach oben, wenn du sie ihm gegeben hast, nein, der kommt schon gleich von oben mit seiner Hand. Damit die Verhältnisse von vornherein geklärt sind."

„Wow, das ist ja richtig spannend", antwortet Lono. „Quizfrage an dich, Kimba: Wenn du dir mal vorstellst, du hättest einen

Raum, in dem an den Wänden leere Regale stehen und in der Mitte liegt ein großer Haufen Papier sowie ein paar Ordner. Was glaubst du, würde passieren, wenn man zwei Löwen-Kundentypen in den Raum sperrt, mit der Aufgabe, den aufzuräumen?"

„Hm", überlegt Kimba, „erstmal eine Frage: Solche Sachen macht ihr in der Vorlesung? Ist ja hochinteressant. Was würde passieren? Tja, also ich glaube, wenn man nach einer Zeit in diesen Raum schauen würde, wäre noch nicht sehr viel aufgeräumt. Ich kann mir vorstellen, dass die beiden Löwen erst mal herausfinden müssten, wer von den beiden jetzt wirklich das Sagen hat und wer entsprechend der Unterlegene ist und sich dann dem System des Chefs unterordnen muss."

„Korrekt, mein Freund", antwortet Lono, „die beiden Löwen würden vermutlich erst einmal herausfinden wollen, wer der dominierende Alphalöwe ist. Das Spannende ist nämlich, wenn zwei Löwentypen aufeinandertreffen, haben die beiden immer ein gewisses Interesse an einem Wettbewerb und beide treten natürlich an, um zu gewinnen – völlig klar. Und Kimba, weißt du auch, was der größte Fehler ist, den man im Umgang mit einem Löwen-Kundentypen machen kann?"

„Nein", entgegnet Kimba, „was ist denn der größte Fehler?"

„Der größte Fehler ist, die ganze Zeit nur unterwürfig zu sein. Dann nimmt dich nämlich dein Löwenkunde irgendwann gar nicht mehr ernst. Und von jemandem, den man nicht ernst nimmt, kauft man auch im Regelfall nichts ab, oder?"

„Das stimmt, da hast du recht, Lono. Das ist absolut nachvollziehbar und ich habe das bei meinem Löwentyp-Kunden auch gemerkt, als ich in einem Kundentermin einmal widersprochen habe. Danach hat sich tatsächlich das Verhalten des Kunden mir gegenüber deutlich verändert, es war irgendwie respektvoller."

„Ja", leuchtet es Lono ein, „das kann ich mir sehr gut vorstellen. Das ist wirklich eine Gratwanderung. Einerseits will dieser Kunde sicherstellen, dass er der beherrschende Teil ist – da solltest du ihn nicht durchschauen lassen, dass du ihm als cleverer

Verkäufer nur das Gefühl gibst, der beherrschende Teil zu sein – andererseits sucht er, sobald er bemerkt, dass sich sein Gegenüber beherrschen lässt, schon wieder nach jemandem, der ihm Paroli bietet und der ihm auch mal in gewisser Weise sagt, wo es langgeht. Wenn du das als Verkäufer jedoch übertreibst, dann fühlt er sich sofort wieder in seinem Status angegriffen und dann wird es schwierig. Dann kommen wieder der Wettbewerbsgedanke und der Konkurrenzgedanke ins Spiel. Also die beste Variante, mit solchen Löwenkunden umzugehen, ist tatsächlich, ihm immer das Gefühl zu geben, dass er das Heft in der Hand hat, er entscheidet, wo es langgeht und in Wirklichkeit lenkst du ihn mit offenen Fragen durch das gesamte Verkaufsgespräch. Clever, oder?"

„Ja, das ist wirklich spannend", antwortet Kimba. „Also, ich habe mir noch nie so wirklich die Gedanken dazu gemacht, aber jetzt, wo du das so erwähnst, muss ich einfach in Zukunft mehr darauf achten, was für Signale ich vom Kunden empfange und was ich daraus ableiten kann. Ich bin schon total gespannt, was es da noch für Möglichkeiten gibt. Ich kann mir vorstellen, nicht jeder Kundentyp kommt auch mit jedem Verkäufer zurecht, oder?"

„So ist es", erwidert Lono. „Professor Ten Laien hat auch gesagt, dass es durchaus Sinn machen kann – wenn man überhaupt nicht mit einem Kunden zurechtkommt – diesen an einen Kollegen oder eine Kollegin abzugeben. Denn die Chance, dass man einen Auftrag mit einem Kunden macht, mit dem man überhaupt nicht zurechtkommt, ist ohnehin so gering, dass man nichts verliert, wenn man den Kunden abgibt. So bleibt der Umsatz wenigsten in der Firma."

„Und welche Kundentypen gibt es noch, Lono?", fragt Kimba.

Lono fordert seinen Freund auf: „Erzähl du doch mal, welche Typen dir sonst noch untergekommen sind!"

„Hm, lass mal überlegen", sagt Kimba und fängt an zu grübeln.

22
Kundenbeziehungen: Löwe mit Affe

Kimba geht im Geiste seine Kundenliste durch und fragt dann seinen Freund Lono: „Du, sag mal, Lono, ich habe zum Beispiel einen Kunden, mit dem macht es zwar immer unheimlich viel Spaß und ich rede total gerne mit ihm, er ist auch ein sympathischer Typ. Aber ich kriege ihn irgendwie kaum zu fassen. Der hat immer tausend neue Ideen und denkt an dieses und jenes. Wie kann ich denn mit dem umgehen, was ist das denn für ein Kundentyp?"

Lono antwortet: „Ja, ja genau, das hat unser Professor auch beschrieben. Das ist ein Affen-Kundentyp"

„Ah, haha", lacht Kimba, „ein Affenkunde, ja das stimmt, die hüpfen auch immer so hin und her und hoch und runter. Weißt du noch, wie wir uns früher gerne den Spaß gemacht haben und versucht haben, die zu jagen?"

„Ja", schmunzelt Lono, „ich erinnere mich und ich denke gerne daran zurück. Das war teilweise ganz schön schwer, die Biester zu kriegen!"

Kimba nickt am Telefon und fährt fort: „Stimmt, und ganz ähnlich verhält sich das auch mit dem Kunden, von daher passt das hervorragend. Der ist oft wenig greifbar, weil er von einem Thema zum anderen hüpft. Aber jetzt sag mal, Lono, hat euer Professor denn auch einen Tipp gegeben, wie man mit so einem Kunden gut umgehen kann?"

Lono blättert in seinen Aufzeichnungen. „Ja, hier steht was", sagt er dann. „Ähm, ich habe mir aufgeschrieben: Kunden beschäftigen und immer wieder zum Thema zurückkehren."

„Den Kunden beschäftigen", grübelt Kimba, „ja, Lono, ich glaube, ich weiß was dein Prof damit meint. Als ich das letzte Mal bei diesem Kunden war, hatte ich unser neuestes Tablet dabei.

Das hat er mir quasi sofort aus der Hand genommen und fing an, damit alle möglichen Dinge zu machen. Der hatte auch ruck-zuck Funktionen rausgefunden, die noch nicht mal ich kannte. Damit war er erst mal sehr gut beschäftigt und hatte auch noch richtig Spaß dabei. Ich bin mir aber auch nicht sicher, ob er nicht noch stundenlang weitergespielt hätte, wenn ich nicht irgend-wann gesagt hätte: ,So, jetzt wollen mal zum eigentlichen Punkt des Meetings kommen.' Und ich hätte meinen Auftrag vergessen können."

Kimba macht eine kurze Pause und fängt dann an zu kichern. „Aber jetzt sag mal, Lono", fährt Kimba fort, „was passiert denn, wenn man zwei solche Affentypen in diesen Papierraum steckt, den die aufräumen sollen?"

Auch Lono lacht kurz: „Rate doch mal, Kimba, was meinst du, was passiert, wenn man zwei Kundentypen, die dem des Affen entsprechen, in diesen Papierraum steckt?"

Kimba grübelt kurz: „Also, das Schlimmste, was passieren könnte, wäre, dass das Chaos hinterher noch größer wäre. Aber ich vermute, dass die beiden zumindest eine Menge Spaß da drin gehabt hätten!"

„Ja, absolut", bestätigt ihm Lono. „Also der Professor mein-te, es wäre entweder möglich, dass die beiden zwar angefangen hätten, die Aufgabe zu erfüllen, aber jeder halt so, wie er gerade denkt und wie er lustig ist. Es könnte also sein, dass ein Ordner, der alphabetisch sortiert ist, links unten im Regal steht und ein anderer Ordner, der numerisch sortiert ist, daneben. Oder aber die beiden hätten Papierflieger gebastelt und hätten die Regale als Landebahn benutzt. Und über den ganzen Spaß, den sie gehabt hätten, hätten sie vermutlich irgendwann die Aufgabe vergessen und sie somit auch wahrscheinlich nicht vollständig, eher gar nicht, erledigt. Das heißt also im Umkehrschluss: Im Umgang mit einem Affenkunden, musst du als Verkäufer diesem Kunden Führung und Struktur geben."

„Na, das kann ich ja als Löwe", erwidert Kimba. „Aber was mir jetzt gerade noch eingefallen ist: Der Kunde, von dem ich denke, dass er ein Affentypus ist, der fordert mich auch öfters mal heraus, einen Wettbewerb mit ihm zu machen. Der wettet auch sehr gerne mal mit mir. Das spricht doch dann eher für das Löwenverhalten, oder?"„Hm, nicht ganz", erwidert Lono. „Hier geht es darum, dass der Affenkunde einfach Spaß daran hat, einen Wettbewerb zu bestehen. Dabei geht es ihm aber nicht primär darum, den Wettbewerb auch zu gewinnen. Und das ist genau der Unterschied zu dem Löwenkunden. Der Löwenkunde tritt gerne zu Wettbewerben an, aber nur, um auch zu siegen. Der Affenkunde hat auch Spaß an dem Wettbewerb an sich, das Siegen ist für ihn zweitrangig. Natürlich freut er sich auch, wenn er gewinnt, aber das steht für ihn nicht im Vordergrund."

„Ich verstehe", stellt Kimba fest. „Aber weißt du, was mich immer ärgert? Der Kunde verspricht mir immer was und dann muss ich dem, was er mir versprochen hat, immer hinterher rennen. Vor Kurzem wollte mir dieser Kunde noch eine Präsentation zuschicken – die habe ich bis heute nicht. Das ist entsetzlich!"

„Ja, das glaube ich dir sofort. Das macht der aber nicht mit böser Absicht, sondern der wird die ganze Zeit von anderen Dingen abgelenkt", erklärt Lono, „da kann es sogar passieren, dass er die Präsentation gerade abschicken wollte, diese noch mal kurz aufgemacht hat und dann zehn Ideen hatte, was er an der Präsentation noch verändern könnte. Dann fing er an, etwas zu verändern, speicherte es ab, hatte dann keine Zeit mehr, sie dir zu schicken und du sitzt da und wartest auf die Präsentation. Der Tipp, den der Professor dazu gegeben hat, ist: Den Kunden am besten aufzufordern, alles sofort zu machen. Wenn du also ein Meeting hast und der Affenkunde dir verspricht: ‚Ja, ich schicke Ihnen das zu', frag ihn doch einfach: ‚Können wir das auch gleich machen? Dann haben wir das erledigt.' Wenn es machbar ist, ist das für den Affenkunden meist gar kein Problem. Dann geht er los, schickt dir kurz die Datei und alles ist gut. Bei diesem Kunden darfst du, eigentlich sollst du sogar, ein bisschen Löwe sein. Gib ihm die Richtung ein wenig vor, gib ihm die Struktur, aber vergiss dabei auch nicht, mit ihm Spaß zu haben. Sonst verliert er die Lust daran, bei dir etwas zu kaufen."

Kimba kann gar nicht so schnell mitschreiben, wie er gute Informationen von seinem Freund Lono erhält. „Mensch, Lono, das ist echt ein super spannendes Thema und ich grübele gerade, wie toll das doch gewesen wäre, wenn wir das schon damals auf der Wohnmobil-Messe gewusst hätten. Oh, was glaubst du, wie viel Umsatz wir dann noch gemacht hätten?"

„Ja, vollkommen richtig", sagt Lono. „Erinnerst du dich noch an den einen Kunden, den wir immer wieder einfangen mussten? Kaum saßen wir am Tisch und wollten mal die technischen Daten und alles durchgehen, schon stand der wieder auf und ging in ein anderes Wohnmobil. Oh Mann, war das anstrengend!"

„Ja, ich erinnere mich", sagt Kimba. „Aber ich war ziemlich erstaunt als Tom Gänserich dann auf einmal zu diesem Kunden sagte: ‚So, Sie bleiben jetzt mal hier sitzen, jetzt gehen wir das erst mal miteinander durch.' Der blieb tatsächlich einfach sitzen und meinte: ‚Ja klar, können wir machen.' Jetzt kapier ich aber die Zusammenhänge und jetzt verstehe ich auch, dass man genau so einem Kunden auch mal sagen kann: ‚Lassen Sie uns jetzt erst mal das fertig machen und dann kümmern wir uns noch um jenes.' Das ist ja wirklich super spannend. Ich bin schon ganz gespannt, was es noch für Kundentypen gibt."

23
Kundenbeziehungen: Löwe und Elefant

Weil Kimba so neugierig auf die anderen Kundentypen ist, schlägt Lono ihm vor, dass er ihm das Manuskript zu dieser Vorlesung zuschickt. Da sind alle Kundentypen entsprechend beschrieben und es stehen auch einige Tipps darin, wie man am besten mit diesen Kunden umgeht. Kimba findet diese Idee seines Freundes Lono großartig, flitzt schnell zum Kühlschrank, holte sich etwas zu trinken und setzt sich sofort wieder vor seinen Computer in der Hoffnung, schon eine Lion-Mail von seinem Freund Lono vorliegen zu haben. Und tatsächlich, kaum hat Kimba auf Synchronisieren gedrückt, kommt auch schon eine neue Lion-Mail – Gott sei Dank die von seinem Freund Lono.

Ungeduldig öffnet Kimba den Anhang. Dort findet er einige Seiten, auf denen die verschiedenen Kundentypen beschrieben werden. Kimba blättert schnell durch: Löwe – haben wir besprochen, Affe – kenn ich auch schon. Elefant ist der nächste Kundentyp, der beschrieben wird.

Kimba will sich selbst erst ein paar Gedanken zum Elefanten als Kundentypen machen, bevor er dann letztlich in dem Manuskript nachschaut. Das erste Attribut, das Kimba zu dem Elefanten einfällt ist: stoische Ruhe. Kimba hatte als junger Löwe immer den Eindruck, dass gerade einen Elefanten nichts aus der Fassung bringen kann. Er hat auch mitbekommen, dass Elefanten über Generationen hinweg an das gleiche Wasserloch gehen und daraus schließt Kimba jetzt, dass Elefanten wohl das Altbewährte nehmen und weniger Lust auf Neues haben.

Doch bevor Kimba noch weitere Gedanken fassen kann, packt ihn die Neugier und er blättert die Seite um. Und tatsächlich, da steht genau das drin, was Kimba auch mit einem Elefanten verbindet: „Der Kundentyp Elefant trennt sich ungern von Altbewährtem. Der Elefant ist sehr zuverlässig und fleißig, er handelt überlegt und braucht unter Umständen etwas mehr Zeit als andere Tierarten, um zu einer Entscheidung zu kommen und vielleicht noch mehr Zeit, um einer Veränderung zuzustimmen."

Auch diese Verhaltensweisen kommen Kimba sehr bekannt vor und er muss unweigerlich an eine Geschichte denken, die er auf der Messe mit seinem Kollegen Karl-Heinz Zebra erlebte.

Kimba hatte ein Ehepaar mittleren Alters angesprochen und sie zu einem Wohnmobil geführt. Nach einer Stunde intensivster Beratung sagte der Mann: „Ja, ich glaube, das ist das richtige Wohnmobil." Auch jetzt, nur bei der Erinnerung an diesen Moment, fühlt Kimba wieder dieses Kribbeln, weswegen er so einen Spaß am Verkaufen hatte. Kimba erinnert sich auch daran, dass er schon den Kaufvertrag vor sich liegen sah, als plötzlich die Ehefrau des Mannes sagte: „Weißt du, Schatz, ich möchte doch lieber unser altes Wohnmobil behalten."

Kimba wusste damals überhaupt nicht wie ihm geschah und sah schon seine Felle davonschwimmen. Da erblickte er auf der anderen Seite des Messestandes Karl-Heinz Zebra, einen sehr erfahrenen Wohnmobilverkäufer.

Kimba entschuldigte sich kurz bei seinen Kunden, stand auf und ging zu Karl-Heinz, um ihn um Rat zu bitten. Kimba schilderte ihm kurz die Situation und Karl-Heinz sagte: „Weißt du was, Kimba? Kümmere du dich darum, dass der Mann seine Meinung nicht ändert und weiterhin das Wohnmobil kaufen will, ich werde mit der Frau reden." Nach einer kurzen Vorstellung verschwand Karl-Heinz tatsächlich mit der Frau in dem potentiell neuen Reisemobil. Nach circa. einer Viertelstunde kamen die beiden wieder heraus. Die Frau lief zu ihrem Ehemann und sagte: „Weißt du was? Wir kaufen das Wohnmobil!"

Karl-Heinz Zebra zwinkerte Kimba kurz zu und entfernte sich dann. Kimba schloss tatsächlich den Kaufvertrag ab und wollte natürlich danach unbedingt wissen, was Karl-Heinz denn mit der Kundin in dem Wohnmobil angestellt hatte.

Beim Abendessen im gemeinsamen Hotel hat Kimba Karl-Heinz Zebra dann auch gefragt: „Sag mal, Karl-Heinz, was hast du eigentlich in der Viertelstunde mit der Kundin im Wohnmobil besprochen?"

„Schau, Kimba, das ist ganz einfach", entgegnete der erfahrene Verkäufer, „die Dame war noch mit all ihren Emotionen in dem alten Wohnmobil und das Erste, was ich gemacht habe, ist, dass ich gefragt habe, was sie denn für Erinnerungen mit dem alten Wohnmobil verbindet. Daraufhin erzählte sie mir, dass sie dort mit ihren Enkeln ganz wundervolle Reisen gemacht hat, bei denen sie alle unheimlich viel Spaß hatten und dass ihre Enkel das alte Wohnmobil so liebten. Da war mir bereits klar: Ich musste diese schönen Erinnerungen, diese schönen Emotionen von dem alten Wohnmobil loslösen. Also habe ich die Dame gefragt, ob sie denn denkt, dass die Enkelkinder wirklich das Wohnmobil liebten oder ob es nicht sein kann, dass die Enkelkinder die Reisen mit Oma und Opa so gern hätten. Und die Kundin antwortete daraufhin: ‚Ja, es lag vielleicht mehr an uns als am Wohnmobil. Das ist sicherlich richtig.' Dann habe ich sie gefragt: ‚Haben Sie denn von diesen Reisen auch Fotos?' Da lachte sie und sagte: ‚Ja, natürlich, wir haben zwei Alben voller Erinnerungsfotos.' Und dann habe ich der Kundin lediglich erklärt, dass die Erinnerungen ja bleiben werden, dass sie die Fotos auch weiterhin haben wird und dass auch ihre Enkelkinder vermutlich weiterhin gerne mit Oma und Opa in die Ferien fahren – auch wenn es in einem anderen Wohnmobil sein werde. Und je länger ich mit der Kundin über genau diese Themen redete, umso mehr wuchs bei ihr die Erkenntnis, dass diese Emotionen, diese Bindung, nichts mit dem alten Wohnmobil zu tun hatten, sondern mit der guten Beziehung zwischen ihnen und ihren Enkeln. Und so entwickelte sich dann langsam auch die Bereitschaft, das alte Wohnmobil loszulassen und sich auf ein Neues einzulassen."

Nachdem sich Kimba nun wieder an diese Geschichte erinnert, wird ihm einiges klar. Diese Kundin damals war ein Elefanten-Kundentypus. Sie hatte Angst vor der Veränderung. Sie hatte Angst davor, dass ihre Enkel vielleicht mit dem neuen Wohnmobil nicht mehr mit ihnen in den Urlaub fahren würden. Natürlich war das eine irrationale Angst, aber Kimba versteht, dass man genau solchen Kunden die Ängste nehmen musste. Und das kann dadurch passieren, indem man die Sachebene von der emotionalen Ebene trennt. Kimba grübelt noch ein wenig an diesem Thema herum, als ihm der Gedanke durch den Kopf schießt, was wohl passiert, wenn man zwei Elefanten-Kundentypen in diesen Papierraum sperrt.

Es dauert nicht lang, da kommt Kimba zu der Erkenntnis, dass vermutlich, wenn man nach einer Zeit nachschauen würde, beide Elefanten an der Arbeit wären und die Blätter sortieren würden, in Ordner abheften würden und ins Regal stellen würden. Wahrscheinlich hätten sie sich nur kurz darauf geeinigt, nach welchem System sie vorgehen und hätten dann angefangen.

So weit, so gut. Aber was wird wohl passieren, wenn er als Löwe auf einen Elefanten trifft? Schnell kommt ihm der Gedanke, dass er zwar eine grundsätzliche Achtung vor der Leistung der Elefanten hat, aber ansonsten findet er sie doch schon sehr langweilig. Einen Elefanten hat er sogar mal Waschlappen genannt. Das kommt ihm jetzt gerade in den Sinn.

Jetzt muss Kimba über die Wechselbeziehung zwischen einem Affen und einem Elefanten nachdenken. Zuerst muss er einmal lachen bei dieser Konstellation, aber je mehr er darüber nachdenkt, desto klarer wird ihm: Ein Affe hat durch einen Elefanten immer die Möglichkeit, ein wenig ruhiger zu werden und ein wenig mehr auf den Boden der Tatsachen zu kommen. Und der Elefant wiederum, der hat durchaus die Chance, durch einen Affen mal ein bisschen mehr in den Tritt zu kommen und ein bisschen mehr Dinge zu erleben, die er sonst vielleicht nicht erleben würde.

Kimba kommt zu dem Entschluss, dass Elefant und Affe eigentlich gar kein schlechtes Duo sind. Da fällt ihm ein, wie er einmal gehört hat, wie die Elefanten über die Löwen sprachen. Und jetzt, in der Erinnerung, merkt er, dass sich die Elefanten eher etwas über die Löwen lustig machten. Er hat so Sätze im Kopf wie: „Ah, da kommen die feinen Löwen" oder: „Die liegen ja sowieso nur den ganzen Tag in der Sonne und wollen dann auch noch bestimmen, wo es langgeht." Und ein anderer Elefant hatte gesagt, dass die Löwen so leicht reizbar sind und immer beweisen wollen, dass sie die Größeren und die Stärkeren seien.

Bei Elefant und Löwe trafen anscheinend zwei Welten aufeinander. Auf der einen Seite der Herrscher, der alles bestimmen und dominieren will, und auf der anderen Seite der Elefant, der am liebsten keine Veränderung möchte, nicht besonders flexibel ist und dafür aber sehr fleißig immer vor sich hin arbeitet. Kimba ist fasziniert von dieser Beziehungsthematik, die in dieser ganzen Kundentypologie steckt. Entsprechend groß ist seine Neugier auf den letzten Kundentyp.

24
Kundenbeziehungen: Löwe mit Gazelle

Hastig blättert Kimba auf die vorletzte Seite des Manuskripts, das ihm sein Freund Lono geschickt hat. Als Überschrift steht dort: „Der Gazellen-Kundentyp". Aber was ist das? Außer der Überschrift steht überhaupt nichts auf dieser Seite! Kimba blättert auf die letzte Seite, auch diese ist leer. Kimba ist fürchterlich enttäuscht, denn er hat sich so darauf gefreut, noch mehr über diese Kundentypen zu lernen.

Kurz entschlossen ruft Kimba bei seinem Freund Lono an. Lono meldet sich mit einem schläfrigen „Nja" am anderen Ende der Leitung. Erst jetzt bemerkt Kimba, wie spät es schon ist. Es ist bereits ein Uhr nachts.

„Lono, alter Kumpel", ruft Kimba noch ganz aufgedreht, „jetzt ist nicht die Zeit zum Schlafen. Du musst mir erklären, was es mit der Gazelle als Kundentyp auf sich hat!"

„Was ist los?", fragt Lono schlaftrunken und ungläubig. „Hast du mal auf die Uhr geschaut?"

„Na ja, jetzt schon", antwortet Kimba kleinlaut, „aber komm, ich bin so neugierig, das musst du mir jetzt noch schnell erklären!"

„Oh Mann, gib mir eine Minute zum Wachwerden", knurrt Lono, „und vor allem gib zu, dass mein Professor dich angeheuert hat. Der hat gesagt, die Kundentypen müssen wir im Schlaf können. Dass du das ausprobierst, hätte ich nie vermutet."

Lono gähnt, streckt sich und richtet sich in seinem Bett auf. „Also", beginnt Lono mit einem langgezogenen A. „Kimba, denk mal an die Zeichnung einer Gazelle. Wie würdest du die bezeichnen?"

Kimba überlegt kurz. „Na ja, die Zeichnung einer Gazelle ist immer total akkurat und ganz genau, wie mit dem Lineal gezogen. Das sieht bei jeder Gazelle immer perfekt aus. Ha!", lacht Kimba. „Jetzt, wo du mich mit den Nüstern daraufstößt. Das ist wahrscheinlich so, weil das Auge mitisst. Die sind aber auch lecker!"

„Kimba!", herrscht Lono ihn an. „Wir sind bei Kundentypen und nicht beim Thema Essen – auch wenn du recht hast, die Viecher sind wirklich lecker."

„Entschuldige, Lono, also akkurat, exakt, ganz genau, wie mit dem Lineal gezogen. Das ist das, was mir dazu einfällt."

„Ganz richtig", antwortet Lono, „und genau darum geht es bei diesem Gazellen-Kundentyp. Das ist einer, der alles sehr genau nimmt. Der sich an Regeln hält, der Dinge durchdenkt und strukturiert. Und erst, wenn alles perfekt und entsprechend durchdacht ist, dann kann er sich überhaupt für oder gegen etwas entscheiden."

„Ach, du lieber Himmel!", entgegnet Kimba. „Ja, das sind die Typen, die sich am Ende einer sehr gelungenen Präsentation darüber beschweren, dass keine Seitenzahlen auf den Folien waren. Und dabei macht man das heute doch gar nicht mehr."

„Ja, genau", sagt Lono, „für den Gazellentypen muss alles seine Richtigkeit haben. Er ist einfach sehr gründlich und sehr genau. Erinnerst du dich an meinen allerersten Wohnmobilkunden, Kimba? Da kam doch der Herr von der Bank dazu, weil der Kunde das Wohnmobil finanzieren wollte. Und der musste doch tatsächlich mit meinem Kunden die sechs Seiten Kleingedrucktes Schritt für Schritt, Satz für Satz durchgehen."

„Schrecklich!", sagt Kimba. „Ja, ich erinnere mich. Kam dieser Kunde nicht am nächsten Tag noch mal und hat noch fünf oder sechs Fragen gehabt?"

„Ja, genau", sagt Lono, „der war das."

„Aber vermutlich", denkt Kimba laut weiter, „vermutlich hat man keine andere Chance, als diesem Kundentypen, dem Gazellentypen, einfach alle Daten und Fakten genau so aufzubereiten, dass es gründlich, organisiert und gut strukturiert ist."

„Stimmt genau, alter Freund", sagt Lono, „da kommst du nicht drum rum. Diese Mühe musst du dir machen, weil der Kunde sonst nicht dazu in der Lage ist, eine für sich annehmbare Entscheidung zu treffen. Und das Spannende ist, wenn du ihm die Daten so nicht präsentierst, dann wird er sich die Daten zwar nehmen, wird sie sich aber selbst erst mal neu strukturieren. Das bedeutet für dich, du kannst in dem Moment keinen Abschluss machen."

„Stimmt", erwidert Kimba, „diese Kunden finde ich immer etwas anstrengend. Aber, sag mal, Lono, wie sind diese Kunden denn im Zusammenspiel mit den anderen Typen, die es da gibt? Was ist denn zum Beispiel, wenn jetzt so ein Gazellenkunde auf mich trifft? Ich als Löwe will dem ja sagen, wo es langgeht."

Lono erwidert: „Da hat er im Grundsatz auch überhaupt kein Problem damit. Du gibst die Richtung vor und er strukturiert die ganze Arbeit, die dafür gemacht werden muss, um in diese Richtung gehen zu können."

„Verstehe", sagt Kimba und muss plötzlich lachen.

„Was gibt es da zu lachen?", fragt Lono.

„Na ja, ich habe gerade überlegt, was wohl ein Gazellentyp von so einem Affentypen hält?"

„Oh ja", erwidert Lono, „das ist eine ganz spezielle Konstellation, denn die Gazelle wird über den Affen immer denken, dass das ein richtiger Luftikus ist. Jemand, den man nicht wirklich ernst nehmen kann und jemand, der auch die Aufgaben, die zu erledigen sind, nicht ernst nimmt. Weil so ein Affe ja meist recht unstrukturiert und sehr emotional an die Themen rangeht. Umgekehrt ist es aber genau das Gleiche. Der Affe muss sich sehr zusammenreißen, um mit so einer Gazelle klarzukommen. Die ist ihm viel zu langsam, zu langweilig und dieses ganze Strukturierte macht den Affen ja noch nervöser. Was allerdings sehr gut funktioniert, ist eine Gazelle mit einem Elefanten."

„Wieso denn das?", fragt Kimba.

„Na ja, ganz einfach. Die Gazelle strukturiert alles, die gibt dem Ganzen den akkuraten Schliff, sie betrachtet auch, an welche Gesetze und Regeln man sich halten muss und der Elefant nimmt das gerne auf und setzt das genau in dem gesteckten Rahmen auch um. Du weißt ja, Flexibilität ist nicht so die Sache für den Elefanten."

„Mensch, Lono", sagt Kimba, „ich find das so spannend! Und weißt du, was mich richtig freut? Dass wir beide ähnliche Interessen haben, nämlich verkaufen."

„Ja", sagt Lono, „das ist schon wirklich ein sehr, sehr spannendes Thema. Aber jetzt, wo ich schon mal wach bin, können wir auch eigentlich gleich noch was besprechen, was ich schon seit der Messe mit dir besprechen wollte, Kimba."

„Ähm, was denn?", fragt Kimba neugierig.

„Na ja, schau mal, ich studiere gerade, aber auch nur noch ein Jahr und du hast schon eine ganze Menge Erfahrung im Verkauf. Daraus lässt sich doch was machen. Das ist doch die ideale Kombination!"

„Ja, das stimmt", erwidert Kimba, „aber denk daran, wir sind beide Löwen, wir müssten erst mal klären, wer dann das Sagen hat, bei dem, was wir zusammen machen."

„Ach, dafür sind wir ja Freunde", sagt Lono. „Aber sag mal, was hältst du denn davon, wenn wir deine Erfahrung und meine zugegeben überwiegend theoretischen Kenntnisse irgendwie gewinnbringend einsetzen würden? Vielleicht sollten wir eine gemeinsame Firma gründen!"

„Eine gemeinsame Firma?", wiederholt Kimba ungläubig.

„Ja", sagt Lono, „das wäre doch ideal. Meine theoretischen Grundlagen und deine praktische Erfahrung, daraus muss sich einfach was machen lassen! Aber ich schlage vor, alter Freund, wir gehen jetzt beide wieder schlafen und denken noch mal in Ruhe darüber nach. Lass uns einfach in zwei Tagen noch mal telefonieren."

„Okay, das ist ein guter Vorschlag", sagt Kimba, „dann wünsche ich dir eine gute Nacht!"

„Dir auch, alter Freund", sagt Lono. „Tschüss!"

Kimba hat eine sehr unruhige Nacht. Denn auf der einen Seite fasziniert ihn die Idee, mit seinem Freund irgendwas gemeinsam zu machen. Auf der anderen Seite hat er sich doch gerade erst so gut im Verkauf etabliert. Das will er jetzt wahrlich nicht einfach über aufs Spiel setzen.

Auch als die Sonne wieder aufgegangen ist und der neue Tag anbricht, kommt Kimba nicht aus dem Grübeln heraus und er merkt, wie er innerlich zunehmend zerrissener wird. Der Reiz, gemeinsam etwas mit seinem alten Freund aufzubauen und letztlich auch der Reiz, selbstständig zu sein, der ist schon sehr, sehr groß. Auf der anderen Seite hat er einen tollen Job, sein Chef ist sehr zufrieden mit ihm, er verdient gutes Geld, das ist eine sichere Sache.

Tags darauf ruft Kimba wie vereinbart seinen Freund Lono an und sagt ihm, dass er noch zu keiner Entscheidung gekommen ist. Er sagt ihm, dass er sich einerseits wahnsinnig darüber freuen würde, etwas mit ihm gemeinsam auf die Beine zu stellen, andererseits aber seine Sicherheit, die er mit der festen Anstellung hat, nicht aufgeben wolle.

„Das verstehe ich sehr gut", sagt Lono und Kimba fällt bei diesem Satz ein Stein vom Herzen. „Ich habe ja auch nicht gesagt, dass du dort sofort kündigen und alles hinschmeißen sollst. Ich will ja auch erst noch meine Uni fertig machen. Aber meine Idee ist, dass wir vielleicht schon nebenher etwas aufbauen könnten. Irgendwas, bei dem wir Tipps geben oder Empfehlungen, alles so rund um die Themen Verkaufen und Marketing."

Kimba merkt, wie es in beiden Vorderpfoten kribbelt und das ist immer ein Zeichen, dass etwas Großes bevorsteht.

„Na los, Kimba, sag schon Ja", drängt Lono am anderen Ende der Leitung, „was kann denn schon passieren? Und außerdem, wenn ich ehrlich bin, muss ich dir noch was sagen, Kimba, ich habe uns sogar schon eine Internetadresse gesichert: www.lionsales.de."

Kimba stutzt: „Lionsales.de – hört sich irgendwie toll an." Kimba atmet tief durch die Nase ein und hält für zwei Sekunden die Luft an. Dann atmet er tief aus und sagt: „Lono, mein Chef sagt immer zu mir, Erfolg hat drei Buchstaben: TUN. Also, lass es uns tun, alter Freund!"

Bereits kurze Zeit später treffen sich die beiden Freunde persönlich und arbeiten an ihrem Businessplan. Dank ihres Verkaufs-Know-hows können sie auch sehr schnell die ersten Kunden für lionsales.de gewinnen. Und wer weiß, wenn die beiden weiterhin fleißig daran arbeiten, werden vielleicht bald tausende Verkäufer von dem Vertriebs-Know-how von Lono und Kimba profitieren.

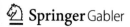

Printed in the United States
By Bookmasters